MARCO ✦ POLO

Reisen mit Insider Tipps

GOLF VON NEAPEL

ÖSTERREICH
UNGARN
SLOWEN.
Mailand
KROATIEN
ITALIEN
BOSN.-
HERZEG.
RSM
SERBIEN
Korsika
(F)
Rom
MNE RKS
MAK.
Neapel
ALBA-
NIEN
Sardinien
(I)
Golf von Neapel
Mittelmeer
GR.
Sizilien

MARCO POLO Koautor
Peter Amann

Peter Amann bereist Italien schon sein halbes Leben. Egal, ob er Besucher durch den Süden führt,
fotografiert oder für Reiseführer recherchiert – er
begibt sich mit ungebrochener Neugier auf Streif-
züge ins chaotische Neapel, in die Amalfitana oder
zu den Slow-Food-Genüssen im Cilento. Dort hat er
Wurzeln geschlagen und legt bei Paestum mit seiner Lebensgefährtin einen Landschaftsgarten an.

www.marcopolo.de/golfvonneapel

Die besten Insider-Tipps → S. 4

INSIDER TIPP

Best of ... → S. 6

Neapel → S. 32

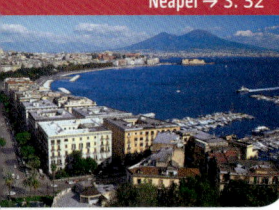

Herculaneum & Pompeji → S. 48

SYMBOLE

INSIDER TIPP Insider-Tipp

★ Highlight

●●●● Best of ...

☼ Schöne Aussicht

🌣 Grün & fair: für ökologi-
sche oder faire Aspekte

(*) kostenpflichtige
Telefonnummer

**PREISKATEGORIEN
HOTELS**

€€€ über 160 Euro

€€ 100–160 Euro

€ bis 100 Euro

Preise für ein Doppelzimmer
in der Saison

**PREISKATEGORIEN
RESTAURANTS**

€€€ über 20 (15) Euro

€€ 10–20 (8–15) Euro

€ unter 10 (8) Euro

Preise für ein Hauptgericht
(secondo) bzw. für ein Nudel-
gericht *(primo,* in Klammern)
ohne Beilagen und ohne den
Preis für Brot und Gedeck

INHALT

Capri, Ischia, Procida → S. 58

Küste von Amalfi → S. 66

Paestum & Cilento → S. 84

Reiseatlas → S. 126

GUT ZU WISSEN
Geschichtstabelle → S. 12
Bücher & Filme → S. 20
Slow Food in Kampanien → S. 23
Spezialitäten → S. 26
Was kostet wie viel? → S. 120
Wetter in Neapel → S. 121

KARTEN IM BAND
(128 A1) Seitenzahlen und Koordinaten verweisen auf den Reiseatlas
(0) Ort/Adresse liegt außerhalb des Kartenausschnitts Es sind auch die Objekte mit Koordinaten versehen, die nicht im Reiseatlas stehen
(U A1) Koordinaten für die Karte von Neapel im hinteren Umschlag
Herculaneum → S. 50
Pompeji → S. 54

UMSCHLAG HINTEN:
FALTKARTE ZUM
HERAUSNEHMEN →

FALTKARTE ⌘
(⌘ A–B 2–3) verweist auf die herausnehmbare Faltkarte
(⌘ a–b 2–3) verweist auf die Zusatzkarte auf der Faltkarte

Die besten MARCO POLO Insider-Tipps

Von allen Insider-Tipps finden Sie hier die 15 besten

INSIDER TIPP **Der beste Espresso Neapels**

Im Caffè del Professore an der Piazza Trento e Trieste gibt es Dutzende von köstlichen Kaffees. Versuchen Sie doch mal einen *caffè alla nocciola*! → S. 41

INSIDER TIPP **Lauschiger Treffpunkt unter Bäumen**

Schäkern, schmökern, schnabulieren bis tief in die Nacht auf der Piazza Bellini in Neapels Altstadt. Die Auswahl reicht vom Literaten-Café Intra Moenia über den ersten Frauenbuchladen Neapels, bis hin zum Caffè arabo und einem vegetarischen Ethno-Restaurant → S. 43

INSIDER TIPP **Kampanien kulinarisch erkunden**

Mario Avallone, Padrone des Restaurants Stanza del Gusto, ist ein kreativer Vulkan und unermüdlicher Neuentdecker vergessen geglaubter kampanischer Küchenkunst → S. 42

INSIDER TIPP **Barockmusik am Ursprungsort**

Auf internationalen Bühnen gefeiert, in Neapel zu Hause (und hier für Besucher zu wirklich erschwinglichen Preisen!): das Ensemble Pietà de' Turchini → S. 43

INSIDER TIPP **Farbenprächtige Bilderbibel**

Hervorragend erhalten sind die Fresken in der Basilika Sant'Angelo in Formis. Halten Sie in der Apsis Ausschau nach einem quadratischen Heiligenschein! → S. 47

INSIDER TIPP **Antike Mamma**

Ergreifend, aber kaum besucht: Votivstatuen eines kampanischen Fruchtbarkeitskults in Capua → S. 47

INSIDER TIPP **Eine Oase der Sinne**

Der Thermalpark Negombo auf Ischia ist kein Geheimtipp mehr – wohl aber sein exzellentes Terrassenrestaurant → S. 64

BEST OF ...

TOLLE ORTE ZUM NULLTARIF
Neues entdecken und den Geldbeutel schonen

SPAREN

● *Thermen für lau*
Auf Ischia sprudeln über 100 Thermalquellen. In subtropische Gärten eingebettete *Thermalparks* garantieren Kur- und Badefreuden. Gratis genießen Sie das heiße Vergnügen in der *Sorgeto-Bucht* im Meer → S. 65

● *Caravaggio „geschenkt"*
Im Herzen Neapels ist ein berühmtes *Altarbild Caravaggios* an dem Ort zu bewundern, für den es ursprünglich geschaffen wurde – und zwar umsonst: in der Chiesa Pio Monte della Misericordia → S. 39

● *Silvester-Rave auf der Piazza Plebiscito*
Die *Piazza Plebiscito*, Neapels Pflaster für Hochzeitsfotografen und Flaneure, verwandelt sich Silvester in eine Open-Air-Bühne für die angesagtesten Bands. Riesenfeuerwerk um Mitternacht inklusive → S. 39

● *Abgefahrene Kunst*
International renommierte Künstler und Architekten haben die Stationen der *Metrolinie 1* in Neapel gestaltet, oft auch die dazugehörigen Plätze. Wer das Metroticket zahlt, bekommt die Kunst gratis! → S. 47

● *Oase im Trubel*
In der Via San Gregorio Armeno liegt der Eingang zu einem der stillsten Orte im *centro storico*: der *Kreuzgang von San Gregorio Armeno*. Sie müssen nur klingeln, um eingelassen zu werden (Foto) → S. 47

● *Aussicht für Millionäre*
Wo die alten Römer ihre Villen in bester Lage über dem Meer bauten, erheben sich heute in Sorrent Luxushotels. Gratis genießen Sie das gleiche Panorama vom *Stadtpark Villa Comunale* aus → S. 79

● *Zeitreise ins bäuerliche Cilento*
Roscigno Vecchia musste Anfang des 20. Jh. von seinen Bewohnern wegen Erdrutschgefahr geräumt werden. Der Ort steht heute noch und ist als „Pompeji des 19. Jh." als Gratis-Freiluftmuseum ein lohnendes Ausflugsziel → S. 102

●●●● ● Diese Punkte zeichnen in den folgenden Kapiteln die Bestof-Hinweise aus

● *Pizza Nazionale*

Die einzige wahre Pizza, *la vera pizza*, gibt es nur an ihrem Ursprungsort Napoli. Für Kenner zählen nur die Originale *Marinara* (Tomaten, Knoblauch, Oregano) und Margherita in den Nationalfarben (rot-weiß-grün: Tomaten, Mozzarella, Basilikum). Genau darauf beschränkt sich *Da Michele* → **S. 41**

● *Gelato al Limone*

Im „Land, wo die Zitronen blühen" locken Limoncello (Foto), frisch gepresste Zitronenlimonade *spremuta di limone* oder die cremige *delizia al limone*. Kosten Sie auf Capri unbedingt das erfrischende *gelato al limone* in der gleichnamigen Eisdiele! → **S. 61**

● *Himmelweite Blicke*

Für solch ein Panorama lohnt es sich, etwas zu schwitzen. Auf dem Höhenwanderweg *Sentiero degli Dei* werden Wanderer mit einem Weitblick von Capri bis in den Cilento belohnt → **S. 71**

● *Ein Gedicht aus Blätterteig*

Neapel berühmtestes Gebäck ist die *sfogliatella*: außen knispriger Blätterteig und innen warm duftender, mit kandierten Orangenschalen aromatisierter Ricotta. Besonders gut bei *Scaturchio* → **S. 41**

● *Musica napoletana*

Neapel ist Musik. Ob Sirenengesänge des Homer, Vilanelle, die seit dem 16. Jh. swingen, „O sole mio", Napoli-Blues von Pino Daniele, Jazz à la James Senese oder Reggae-Rhythmen von Almamegretta. Immer und überall dabei dank der *App Radio Partenope* → **S. 116**

● *Heißer Boden unter den Füßen*

Der Golf von Neapel ist ein vulkanisch aktives Gebiet, und auch der Vesuv schlummert nur. Den gewaltigen Erdkräften ganz nah (und ungefährdet) ist man im *Solfatara-Krater* in Pozzuoli → **S. 45**

● *Hippe Hostel*

Auch mit kleinem Geldbeutel kommt man am Golf von Neapel flott unter. Dafür sorgen eine Reihe angesagter Hostel, wie etwa das *Fabric Hostel & Club* in Portici bei Ercolano (Herculaneum). Nebenbei: einer der besten Ausgehtipps! → **S. 53**

TYPISCH

BEST OF ...

REGEN

● **Katakomben**

Entdecken Sie *Neapels Untergrund*: griechische Wasserleitungen, römische Stadtviertel, frühchristliche Fresken oder Totenschädelkulte → S. 36

● **Steter Tropfen formt den Stein**

Im Cilento gibt es zahllose Karstphänomene. Am eindrucksvollsten ist die *Grotte di Castelcivita*, ein ausgedehntes Höhlenreich mit einer Fülle zauberhafter Tropfsteinformationen → S. 93

● **Neapel als Hauptdarstellerin**

Das Überraschendste am ambitionierten *Napoli Teatro Festival Italia* ist die Auswahl ungewöhnlicher Spielstätten, wie des *Albergo dei Poveri* → S. 113

● **Saunen wie die alten Römer**

Das antike Baiae war DAS Luxusresort der Römer. Im *Thermalbad Stufe di Nerone* können Sie sich immer noch in antik-römischen Dampfgrotten aalen. Zur Erfrischung: nichtalkoholische Zitruscocktails → S. 46

● **Sonnenschein, auch bei Regen**

Die fröhlich-helle Inneneinrichtung und der eingefangene Sonnenschein der selbst erzeugten Biotomaten, Oliven und Zitronen tauchen ein Mahl im *Sterne-Ristorante Don Alfonso* in hellstes Licht → S. 83

● **Abtauchen**

Bei Regen nimmt das Meer unter Wasser wunderbare Farben an und fühlt sich wärmer an. Masken auf, Flossen an und abgetaucht (Foto), z. B. in *Baia*. Nur wenn es gewittert, bleibt man besser an Land → S. 107

● **Schirmherrschaft**

Wer vom Regen überrascht wird, kann mit einem *Schirm von Talarico* seine Sightseeingtour trockenen Hauptes fortsetzen. Seit 1860 fertigt das Familienunternehmen die edelsten *ombrelli* von Hand → S. 43

ENTSPANNT ZURÜCKLEHNEN
Durchatmen, genießen und verwöhnen lassen

● **Wenn bei Capri die rote Sonne ...**
Vom Küstenstädtchen *Santa Maria di Castellabate* reicht der Blick über den Golf von Salerno bis Capri. Seien Sie zur richtigen Zeit am Lungomare, um in den Genuss des Sonnenuntergangs zu kommen! → S. 86

● **Gesunder Garten**
Der wiederbelebte *Heilkräutergarten der mittelalterlichen Medizinschule Salerno* ist eine herrliche Oase der Ruhe. Auf der Terrasse werden Kräutertees und erfrischende Zitronenlimonaden serviert → S. 75

● **Dolce far niente in Positano**
Ein Postkartenidyll wie aus den 50ern: Zum blitzsauberen, kleinen Kiesstrand und zur entspannten *Strandbar Bagni d'Arienzo* bringt Sie das Shuttle-Boot aus Positano → S. 76

● **Privataudienz beim Kaiser**
Nur Wenige verirren sich zu den *Ruinenresten der Kaiservilla Jovis* auf Capri. Den atemberaubenden Blick auf den Golf von Neapel und 300 m senkrecht abstürzende Felsklippen genießen Sie am besten mit einem gut gefüllten Picknickkorb → S. 61

● **Neapel zu Füßen**
Auch in der chaotischen Metropole gibt es Orte zum Relaxen. Wer sich ein feudales Dinner im *Terrassen-Ristorante George's* gönnt, bekommt als Beilage einen großartigen Blick von oben auf Neapel → S. 41

● **Blick ins Blaue**
Das Beste an der *Villa Cimbrone in Ravello* ist der Aussichtsbalkon (Foto). Das kleine Caffè darunter lädt zum Verweilen ein: mit demselben *Blick aufs unendliche Meer* → S. 76

● **Chillen in Pompeji**
Ruhe in Pompeji finden Sie außerhalb der Stadtmauern, auf der *passeggiata fuori le mura*, Schattenplätze zwischen den Stadttoren Porta Nolana und Porta di Nola. Fehlt nur noch der Roman „Pompeji" von Robert Harris zum Schmökern ... → S. 54

ENTSPANNT

AUFTAKT

ENTDECKEN SIE DEN GOLF VON NEAPEL!

Wo auch immer Sie Ihre Reise an den Golf von Neapel beginnen – die schönste Einstimmung ist immer ein Weitblick auf den Golf: zum Beispiel von der Sorrentinischen Halbinsel aus, etwa von den Balkonen und Terrassen der prachtvollen alten Hotels, die sich auf dem Tuffsteinplateau von Sorrent hoch über das Meer erheben. Von hier schweift der Blick über den gesamten Golfbogen, auf die Bergkette der Monti Lattari, die sich ins Landesinnere zieht, dann auf den mächtigen Vulkankegel des Vesuvs, schließlich auf das Häusermeer der faszinierenden Metropole Neapel. Im Meerdunst sieht man schemenhaft die Inseln Ischia und Procida, Capri liegt dagegen verdeckt von der Spitze der Halbinsel Sorrents. Inseln der Verheißung und jede mit ganz eigenem Charakter.

Jenseits der Halbinsel von Sorrent beginnt die Costa Divina, die „Göttliche Küste" von Amalfi mit ihren Zitronenhainterrassen und den die Felsen hinabgestuften Dörfern aus ineinander verschachtelten Häusern in Rosa, Creme und Apricot, an denen sich leuchtend rote Bougainvilleen hochranken, seit Generationen von ungebroche-

Bild: Bucht bei Maiori an der Amalfiküste

Steinerne Erinnerung an die Antike: Ceres-Tempel in Paestum

nem Zauber. Auf den alten Wirtschaftswegen hoch über der Costiera Amalfitana zu wandern ist immer wieder ein Vergnügen. Hier liegen auch die schönsten Hotels. Gastfreundschaft hat an der Amalfitana eine lange Tradition. Im 19. Jh. wurden mittelalterliche Klöster und Adelspaläste zu edlen Bleiben umgewandelt. Heute wird das Übernachtungsangebot zeitgemäß um charmante Bed-&-Breakfast-Pensionen in Weinbergen oder ehemaligen Fischerhäusern bereichert. Die besten Restaurants finden sich wiederum auf der Sorrentinischen Halbinsel: Hier haben sich in den letzten Jahren einige hochkarätige Gourmettempel angesiedelt, die mit ihrer raffinierten, doch ganz mediterranen Küche Kampanien auch für anspruchsvolle Feinschmecker höchst attraktiv machen.

Dass es die Gartengötter mit dieser Gegend besonders gut gemeint haben, sieht man auch an den Märkten in den Orten und längs der Küstenstraße: überall Berge von Zitrusfrüchten, knackigen Artischocken, süßen Tomaten, vielerlei Gemüse, Apri-

8.–5. Jh. v. Chr.
Längs der Küste und auf Ischia entstehen griechische Kolonien, darunter Neapolis

Ab 4./3. Jh. v. Chr.
Romanisierung der Griechenstädte, die römische Oberschicht baut sich herrlich gelegene Villen

79 n. Chr.
Ein Ausbruch des Vesuvs begräbt die römischen Städte Herculaneum, Pompeji und Stabiae unter Lava- und Aschemassen

11.–13. Jh.
Unter der Herrschaft der Normannen und der Staufer wächst Süditalien zur politischen Einheit zusammen

kosen, Birnen, Trauben, Feigen, Mispeln, alles saftig und frisch gepflückt und ganz anders als im Supermarkt.

An die Amalfiküste schließt der Golf von Salerno an. Die uralte Hafenstadt hat sich in letzter Zeit sehr gemausert – Stararchitekten wie Zaha Hadid, Oriol Bohigas und Santiago Calatrava haben Zeichen gesetzt –, und sie bildet den Auftakt zum Cilento. Der Cilento ist *die* Entdeckung der letzten Jahre und ein positives Beispiel für das Zusammenspiel von geschützter Kultur- und vor allem Naturlandschaft und umweltverträglicher touristischer Entwicklung. Er beginnt mit Paestum, den wunderbar erhaltenen, antiken Göttertempeln in der Ebene des Flusses Sele, und erhebt sich dann zu stattlichen Bergmassiven mit Gipfeln bis knapp 1900 m Höhe.

Hier lernt man ein altes Bauernland kennen sowie eine Küste aus phantastischen Steinformationen und traumhaften Sandbuchten. Im Landesinnern können Sie in naturgeschützten Wäldern wan-

Felsküste und Buchten, Wälder und Grotten

dern, geheimnisvolle Grotten besuchen oder auf Bauernhöfen wohnen. An der Küste locken Campingplätze in Olivenhainen und Ferienanlagen am glasklaren Meer. Das ist genau der richtige Kontrast zum trubeligen Neapel.

Die vergangenen Jahre haben Neapel nur wenig gute Presse beschert – Müllskandal und blutige Camorrafehden sind die Stichworte. Dem politischkulturellen Aufschwung, der seit Mitte der 1990er-Jahre die Stadt erfasst, ist aber die Luft glücklicherweise nicht ausgegangen. Aus öffentlicher Hand gefördert und von engagierten Kulturinitiativen unterstützt, werden heruntergekommene Palazzi restauriert, die

1647/48
Eine Steuer auf frisches Obst löst unter der Führung des Fischverkäufers Tommaso Aniello („Masaniello") einen Volksaufstand während der Herrschaft der spanischen Krone aus

1734
Süditalien wird dem Bourbonenkönig Karl III. zugeschlagen. Die Ausgrabungen in Pompeji beginnen

1860
Anschluss an den neu gebildeten Nationalstaat Italien

1943
In den *Quattro Giornate di Napoli* befreien die Neapolitaner ihre zerbombte Stadt von Faschisten und Nazideutschen

neuen U-Bahnhöfe in Galerien zeitgenössischer Kunst verwandelt, restaurierte Parks und Plätze wieder zu beliebten Treffs, wie die Piazza Bellini oder die weite Piazza del Plebiscito vor dem nicht minder eindrucksvollen Königspalast. Früher anarchischer Autoparkplatz, heute Bühne und Konzertarena unter freiem Himmel, ist sie täglich Kulisse von Hochzeitsfotografen, flanierenden Neapolitanern und Touristen sowie Spielplatz bolzender Kinder. Die Wahl des früheren Staatsanwalts Luigi De Magistris im Frühjahr 2011 zum Bürgermeister von Neapel hat viele positive Energien freigesetzt.

Das *centro storico,* die am dichtesten besiedelte Altstadt Europas, gehört immer noch seinen Bewohnern und nicht nur Banken und schicken Büros. Daran hat auch die Ernennung zum Unesco-Weltkulturerbe 1995 nichts geändert. Neapel ist eine lebendige Stadt und kein Museum. Das heißt aber auch: enge, heruntergekommene Straßenschluchten, die Stadtviertel wie die Quartieri Spagnoli oder Sanità durchziehen, mit Souterrainwohnungen ohne Tageslicht, *bassi* genannt, und kleinen Heiligenaltären – Lebensfülle ohne Idylle, dafür mit Herz und vor einer grandiosen Naturkulisse.

Heute florieren Ausstellungen und Konzerte, die großen neapolitanischen Museen wie das Schloss Capodimonte mit seiner berühmten Gemäldesammlung, das Archäologische Museum mit den Schätzen aus Pompeji, das sehenswerte Stadtmuseum mit den neapolitanischen Krippen in der alten Klosterkartause San Martino – sie alle sind neu geordnet und restauriert worden und ziehen Touristen in Scharen an. Mit Museen wie dem MADRE oder PAN hat auch die zeitgenössische Kunst Einzug am Golf gehalten. Und eine Gruppe von Amateurspeläologen hat die Unterwelt Neapels ausgekundschaftet: Zisternen, Höhlen, Tunnel im Tuffgestein noch aus der Zeit der Griechen und Römer, eine atemraubende Gegenwelt zu der Stadt oben im Tageslicht.

Die Neapolitaner lieben ihre Stadt. Immer wieder wird man jemandem begegnen, dem es ein Anliegen ist, dem Touristen einen verborgenen Schatz, eine Kapelle, einen

1950er-Jahre
Beginn des zerstörerischen Baubooms in Neapel

1980
Schweres Erdbeben in Kampanien

2007
Blutige Camorrafehden sowie Abfallprobleme trüben das Lebensgefühl in Neapel; verschärfte Sicherheitsmaßnahmen

2011
Der Linkskandidat Luigi De Magistris ist neuer Bürgermeister Neapels

2013
Der futuristische Treno Rosso soll als moderne Standseilbahn zum Vesuvkrater hinauf führen

besonders schönen Innenhof zu zeigen – oft mit ausgesucht höflicher Freundlichkeit. Diese stolze Höflichkeit verweist auf eine hochkulturelle Vergangenheit, auf das antike Griechentum, auf dessen eindrucksvolle Spuren Sie überall auf einer Reise durch Kampanien stoßen, wie auch auf Zeugnisse jener Zeit, in der Neapel über Jahrhunderte die Kapitale eines Königreichs war, mit einem prächtigen Hof und allem, was dazugehört.

Die Besiedlung der süditalienischen Küste durch Exilgriechen begann 770 v. Chr., als die ersten auf Ischia landeten und die Kolonie Pithekussai gründeten. 45 Jahre später setzten sie bei Cuma aufs Festland über und gründeten Ansiedlungen im Gebiet Neapels. Im Hinterland Kampaniens siedeln zunächst die Etrusker und Volksstämme aus dem Apennin, spä-

Enge Gassen voll Lärm: Neapel ist ein Bienenstock summenden Lebens

ter betreten die Römer die Bühne. Sie lassen sich von der Schönheit des Golfs, der Küste Kampaniens und der Inseln verzaubern und vom griechisch geprägten Geistesleben Neapels faszinieren: Überall entstehen Thermen und prächtige Badevillen.

Mit dem Untergang des Römischen Reichs zerbricht die politische Einheit Italiens, die Zeiten, in denen immer wieder neue Völker und fremde Herrscherdynastien in den Süden vordringen, beginnen. 1137 nehmen die Normannen Neapel ein. Mit ihnen wird der Grundstein eines feudal-zentralistischen Verwaltungsapparats in ganz Süditalien gelegt: zunächst unter den Anjou, dann unter dem Haus Aragón, schließlich unter den Bourbonen bis zur Nationalstaatsbildung Italiens 1861. Die Spuren großer Geschichte sind heute Sehenswürdigkeiten von Weltrang, darunter zahlreiche Unesco-Stätten, aber auch Natur- und Nationalparks und lebendige Städte wollen neu entdeckt werden.

Die Probleme Neapels – Arbeitslosigkeit, organisiertes Verbrechen, gnadenlose Zersiedelung, Umweltbelastung, Verkehrschaos – sind nach wie vor groß. Aber wer an den Golf von Neapel reist, sucht das Leben mit all seinen Widersprüchen und nicht nur den Liegestuhl.

IM TREND

1 Cucina di Mamma

Kochkurs Kampanien ist die Wiege der italienischen Küche. Wie Pizza, Pasta und Co. gelingen, lernen Wissbegierige bei *Mamma Agata (Piazza San Cosma 9, Ravello, Foto)*. Die Autorin mehrerer Kochbücher schwingt den Löffel in familiärer Atmosphäre. Küchenkniffe lernen Sie auch in der *Sorrento Cooking School (Viale dei Pini 52, Sant'Agnello)*, in der *Fattoria Terranova (Via Pontone 10, Sant'Agata sui Due Golfi)* oder der *Villa Pane (Via Baranica 13, Sorrent)*.

2 Schwimmtrek

Wasser-Marsch Nicht zu Fuß und auch nicht per Boot erkunden Besucher die Region, sondern schwimmend. So geht es etwa in die Bucht von Praiano und die Grotten. Dort berauscht ein Höhlenkonzert *(www.isuonideglidei.com)* selbst Wasserscheue und Musikmuffel. Begleitet werden Schwimmer durch die Profis von *ASD Swimtrekking (www.swimtrekking.com)*. Schwimmende Höhlenforscher kommen insbesondere auf Capri auf ihre Kosten. Die weltbekannte *Blaue Grotte* können Sie in den Morgenstunden oder am Abend in aller Ruhe selbst erkunden.

3 Zurück zur Natur

Eiszeit Biozutaten, kompostierbare Verpackungen und soziales Engagement: Wenn die Kalorien nicht wären, könnte man das Eis von *Bianco Bio (Via Enrico Alvino 13, Neapel)* ganz ohne schlechtes Gewissen genießen. Pfirsiche im Winter? In das Eis von *Otranto (Piazza Cosimo Fanzago, Neapel)* wandern saisonale Früchte. Matteo *(Gelateria Matteo, Via del Centenario 110, Lancusi)* röstet seine Haselnüsse selbst, bevor sie zu Noci di Sorrento verarbeitet werden. Regional sind auch die Zutaten der *Gelateria Davide (Via Giuliani 35, Sorrento)*.

Hier spielt die Musik

Live & laut An Arenen und Konzerthallen mangelt es am Golf von Neapel nicht. Aber nicht nur die klassische Musik hat ihren Platz in der Region gefunden, sondern auch Pop und Rock. Vor allem lokale Bands stehen im *Mamamu (Via Sedile di Porto 46, Neapel)* auf der Bühne. Dann wird es schon mal richtig voll, entspannter kann man den Acts vom Balkon aus zusehen. Sonntags werden avantgardistische Filme gezeigt. Klein, aber fein ist auch das *Kestè (Largo San Giovanni Maggiore Pignatelli 4, Neapel)*. Die Mischung aus Bar und Restaurant, Kunstgalerie und Musiklocation ist insbesondere am Wochenende sehr gut besucht. Dann gibt es Livemusik. Musikalisch ist auch die *Galleria Toledo (Via Concezione a Montecalvario 34, Neapel)*. Im Sommer werden hier Filme gezeigt, im Winter rückt die Livemusik in den Fokus.

Künstliche Welten

Ungezwungen Kunstgalerien sollen nicht abschrecken, sondern zum Genuss einladen. Barrieren will das *Trip (Via Martucci 64, www.triplanificio25.it, Foto)* einreißen. Mit seiner Bar und dem Garten nimmt es Kunstneulingen die Scheu vor der Kreativszene. Ganz entspannt geht es auch in der *Galleria Umberto Di Marino (Via Alabardieri 1, Neapel, www.galleriaumbertodimarino.com)* zu. Auch die Non-Profit-Organisation *Carlorendano Association (www.cra.na.it)* will Kunst in einem ungezwungenen Rahmen präsentieren. Dafür nutzt sie in Neapel das *Lanificio 25 (Piazza Enrico De Nicola 46)*, das in den Gewölben einer alten Wollfabrik zeitgenössische Malerei und Fotografien zeigt und Workshops anbietet.

STICHWORTE

CAFFÈ

Viele glauben, die Bezeichnung „Espresso" für eine kleine Tasse mit starkem Kaffee sei typisch italienisch. Dabei sagen die Italiener dazu schlicht *caffè*. Sie trinken ihn am Tresen der zahllosen Stehbars, die man an allen Straßenecken und Plätzen findet und sein Duft behauptet sich oft sogar gegen den Abgasgestank. Gilt der Genuss italienischen *caffès* ohnehin als eine der weltbesten Arten, Kaffee zu trinken, so heißt es, in Neapel erlange der *caffè* seine Vollendung: vollmundig, aber nicht teerig, weich und doch kräftig, nicht bitter, nicht säuerlich. Was nicht einmal an besonders guten Kaffeesorten liegt, sondern viel eher an der unvergleichlichen Fähigkeit des oder der *barista*, die Espressomaschine zu bedienen: Es gilt, unter dem richtigen Druck die richtige Wasserdampfmenge im richtigen Tempo durch die richtige Dosierung des Kaffeepulvers zischen zu lassen. Die Neapolitaner meinen, es liege an ihrem Wasser. Im Sommer bekommen Sie den Kaffee kalt als *caffè freddo* oder zu Eiskristallen gefroren als *granita*. Manchmal kann es in Neapel, und nur hier, passieren, dass jemand einen *caffè* trinkt, aber zwei im Voraus bezahlt *(caffè sospeso)* für einen Unbekannten, der irgendwann die Bar betreten wird, aber kein Geld hat, um sich eine Tasse des schwarzen Lebenselixiers zu gönnen – in Neapel ein Menschenrecht.

CAMORRA

Wer sich eine Markenimitation auf den Straßenmärkten kauft, wirtschaftet

---

Camorra, Heilige und Zahlenlotto – Wissenswertes zu Pizza, „O sole mio" und anderen typisch neapolitanischen Phänomenen

damit gleichzeitig der Camorra zu. Sie bestimmt über die Standplätze der Fensterputzer, Taschentuchverkäufer, Parkplatzwächter. Das sind die Kleinigkeiten. Die großen Geschäfte, bei denen sie alljährlich Unsummen umsetzt, bestehen aus Drogen, Spielhöllen, Prostitution, Wucher, Schutzgelderpressung. Und allzu gern mischt sie im Baugeschäft und in der Abfallwirtschaft mit. Die Camorra geht zurück auf das 16. Jh., als die hochreligiösen Bourbonen spanische Soldaten nach Neapel brachten,

aus der *guadagna,* einer ritterlichen Laienbruderschaft, die vor Gewalt nicht zurückschreckte, damals in Spanien sehr verbreitet war und gute Beziehungen zu Hof und Kirche hatte. Eine hierarchisch durchorganisierte Gesellschaft, in der man sich untereinander half und die nur ihre eigenen Gesetze kannte – ein Modell, das im engen Neapel erfolgreich Fuß fasste und mit der Zeit immer krimineller wurde. Viele Morde in Neapel lassen sich auf Camorrarivalitäten zurückführen. Fahndungserfolge gegen die verstreuten Clans gibt es immer wieder – und dank der Kronzeugen immer häufiger. Aber solange in Kampanien von 460 000 Arbeitslosen mehr als die Hälfte Jugendliche sind, die auf normalem Weg kaum Existenzchancen für sich sehen, wird die Camorra weiterhin Zulauf bekommen.

CANZONE NAPOLETANA

Neapel ist eine musikalische Stadt, war im 18. Jh. Metropole des Melodramas, hat weltberühmte Sänger, Musiker, Komponisten hervorgebracht – und herrlich melodiöse Lieder, die bekannter als die Bibel sein dürften, allen voran *O sole mio,* dann *funiculì funiculà, Santa Lucia, Torna a Surriento, Marechiaro* und viele mehr. Die *canzone napoletana* eignet sich bestens als Werbejingle für die Stadt. Ein guter, nicht zu schnulziger Interpret war Roberto Murolo. Die nach wie vor sehr lebendige Musikalität produziert aber heute – neben dem folkloristischen Kommerz – ganz andere Klänge: Da ist die berühmte Nuova Compagnia del Canto Popolare, die altes Liedgut wiederbelebt hat. Mit modernen Rhythmen taten

BÜCHER & FILME

▶ **Pompeji** – Robert Harris ist mit dem akkurat recherchierten historischen Roman ein großer Wurf gelungen! Spannend und höchst informativ berichtet er von der sich anbahnenden Katastrophe und dem Vesuv-Ausbruch 79 n. Chr.

▶ **Zeit des Wartens** – Valeria Parella, eine der jüngsten und stärksten literarischen Stimmen am Golf von Neapel, verknüpft in ihrem Roman die Geschichte einer Lehrerin, deren Tochter als Frühchen zur Welt kommt, mit einem vielschichtigen Bild der Stadt Neapel

▶ **Träume Neapels** – Anna Bucchetti (2003) zeichnet ein respektvolles SW-Porträt der Armen und Benachteiligten Neapels, die mit Hilfe eines komplizierten Zahlen-Lottos ihrem Glück nachzuhelfen versuchen

▶ **Der Postmann (Il Postino)** – Die Insel Procida bildet den Rahmen für die poetische Freundschaft zwischen dem chilenischen Exildichter Pablo Neruda und dem Inselpostboten, dargestellt vom neapolitanischen Schauspieler Massimo Troisi in diesem Film von 1994

▶ **Gomorrha. Reise in die Welt der Camorra** – In einer explosiven Mischung aus Reportage und Roman liefert Roberto Saviano Innenansichten aus dem Wirtschaftsleben der Camorra. Die Verfilmung des Weltbestsellers gewann in Cannes 2008 den Großen Preis der Jury

▶ **Es begann in Neapel** – In der romantischen Komödie (1960) prallen amerikanische Seriosität in Gestalt von Clark Gable und italienische Lebensfreude, verkörpert von Sophia Loren, vor der Kulisse Capris aufeinander

▶ **Der talentierte Mr. Ripley** – In der lasziven mediterranen Atmosphäre am Golf spielt der spannende Film (1999) nach einem Krimi von Patricia Highsmith, mit hochkarätiger Besetzung: Jude Law, Matt Damon, Gwyneth Paltrow und Cate Blanchett

Von fromm bis frömmelnd: Heilige sind im Stadtbild Neapels allgegenwärtig

das Vokalisten wie Edoardo Bennato und Teresa de Sio oder die Gruppe Spaccanapoli, Meister des neapoletanischen Folk. Ein Klassiker des Neuen ist Pino Daniele, er mischt Jazz, Blues, Melodie, dazu Englisch und neapolitanischen Dialekt, und das in ganz Italien sehr erfolgreich. Und die Gruppe Almamegretta greift auf den stampfenden *tammurriata*-Rhythmus zurück und mixt ihn mit Dub und Reggae zu Texten in neapolitanischem Dialekt. Mit einer Mischung aus vulgär-banalen Dialekttexten und süßlichem Elektrofolk treffen die sogenannten *neomelodici* den Ton in den ärmsten Stadtvierteln, wo sie als lokale Popstars gefeiert werden und auch die Nähe zur Camorra nicht scheuen. Weniger kommerziellen Erfolg hat der frühere Schlagersänger und Ex-Premier Silvio Berlusconi mit seinen neapolitanischen Schnulzen, interpretiert vom ehemaligen Parkwächter und Haus- und Hofsänger Berlusconis Mariano Apicella. In den Regalen liegen die Silberscheiben wie Blei.

HEILIGE

Beim ersten Spaziergang durch die Stadt fällt es sofort ins Auge: An Straßenecken und in fast jeder Gasse begegnet Ihnen eine erleuchtete Wandkapelle, hinter Gitter oder Glas eine Madonnenfigur, ein Heiliger, von Lämpchen erleuchtet und mit Papier- und frischen Blumen geschmückt. Je ärmlicher die Gassen, umso liebevoller gepflegt erscheinen die kleinen Wandaltäre, in ihrer festlichen Beleuchtung oft in krassem Gegensatz zu den abgeblätterten, smoggrauen Häuserwänden. Allein in Neapel wird 52 verschiedenen Heiligen gehuldigt, darunter sieben Hauptheilige, an der Spitze natürlich San Gennaro, der Patron Neapels, der zweimal im Jahr (am ersten Maisamstag und am 19. September) mit der Verflüssigung seines Bluts unter inbrünstigen Gebeten der Gläubigen sein orakelhaftes Placet zum Schicksal der Stadt gibt. Einmal davon abgesehen, dass all das offenlegt, wie sehr sich die Menschen den irdischen Geschicken aus-

Hoffnung auf die richtige Kombination: Lottozahlen-Check

pheus, dem Gott des Schlafs, hergeleitet ist. Auf den Büchergrabbeltischen in der Altstadt finden Sie jede Menge Bücher mit den *smorfie,* ein sehr neapolitanisches Kuriosum. Tolle Einblicke gewährt der Dokumentarfilm „Dreaming by Numbers".

MÜLL

Neapel hat sich den zweifelhaften Ruf der „Müllhauptstadt" Europas erworben. Der Müll und seine Entsorgung ist ein einträgliches Geschäft für Camorra und Co. Müll ist auch ein Politikum. Mit dem Versprechen, die Stadt vom Abfallchaos zu befreien, gelang es Berlusconi 2008, sich noch einmal ins Amt hieven zu lassen. Im Jahr darauf erklärte er (voreilig) per Dekret die Müllkrise in Kampanien für beendet. Laut Legambiente (der italienischen Umweltorganisation) hatten die Clans allein 2009 durch Müll einen Umsatz von 20 Mrd. Euro erzielt, ungefähr zehnmal soviel wie z. B. der Modemulti Benetton. Im Mai 2011 setzte sich der frühere Staatsanwalt Luigi De Magistris bei der Bürgermeisterwahl in Neapel deutlich gegen den Berlusconi-Kandidaten durch. Mit Zivilcourage und Mülltrennung sagte er der Müllmafia den Kampf an. Hoffentlich haben er und die Bürger einen langen Atem.

PIZZA

Die Pizza muss „so rund werden wie der Golf von Neapel und so dünn, dass die Mitte fast durchsichtig ist und an den Rändern ansteigt wie eine Meeresküste", so der neapolitanische Schriftsteller Domenico Rea. Doch das ist leichter gesagt als getan. Neben ihrer seit Generationen währenden Erfahrung haben die Pizzabäcker Neapels die besten Zutaten frisch aus dem Hinterland: so für die *pizza Margherita* die sonnensüßen Tomaten San Marzano und den sämigen Büffelmozzarella oder *fior di latte* aus Kuhmilch, für die *pizza napoleta-*

geliefert fühlen und Schutz suchen, mag ihre Vielzahl sicherlich auch als das Erbe der heidnischen Göttervielfalt der Antike, der Griechen und Römer, zu verstehen sein.

LOTTO

Die Neapolitaner, die an die Macht des Schicksals glauben, sind fanatische Lottospieler. Die Phantasie, wie an die „richtigen" Zahlen zu kommen sei, produzierte eine regelrechte Industrie von Zahlenorakeln und Ratgebern, wie man Träume, Ereignisse, Erlebtes interpretieren und in Zahlen umsetzen könnte. *Smorfie* werden diese Zahlenlisten genannt, eine Bezeichnung, die von Mor-

na dicke Sardellen und duftendes Oregano für die *pizza marinara.* Die Traditionsgilde „Associazione Verace Pizza Napoletana" schwört auf diese drei Pizzen als die einzig wahren. In Neapel wird jedes Jahr Ende September die Pizza mit einem großen Fest gefeiert *(www.pizzafest.info).* Als billiger Schnellimbiss tauchte der Mehlfladen im 18. Jh. auf den Straßen Neapels auf, allenfalls mit etwas Olivenöl und Oregano gewürzt. 1895 machten italienische Einwanderer die erste Pizzeria in Amerika auf. Heute ist die Pizza neben dem Hamburger weltweit der Imbiss schlechthin. Trotz Globalisierung: Am besten schmeckt sie nach wie vor in Neapel.

WEIHNACHTSKRIPPEN

In den neapolitanischen Weihnachtskrippen werden Karten gespielt, Fische und Gemüse feilgeboten. Kinder und Hunde balgen sich, man sieht Kamele, Hühner, selbst Eidechsen. Das alles spielt sich ab vor Kulissen aus Häusern, Ruinen, Felsen unter blauem Himmel mit Wölkchen und hübschen Engeln. Wonach man im Gewühl richtig suchen muss, ist der eigentliche Anlass für die Inszenierung: Maria, Josef und das Jesuskind in seiner Krippe. Mit dem Bourbonen Karl III. explodierte diese Kleinkunst, jede Kirche, jede Familie wollte ihre Krippe, und was als Ansporn zu frommer Beschäftigung mit dem Thema Christi Geburt gedacht war, wuchs sich aus zu „einem kollektiven Wahnsinn" (Dario Cecchi). Hunderte von Kunsthandwerkern arbeiteten das ganze Jahr über. Die einen waren fürs Gemüse zuständig, andere für die Tiere. Große Künstler wie Sammartino und Vaccaro schufen wunderbare Figuren. Man kann sie im Museum San Martino bewundern. Tatsächlich ist die Krippenkunst ein weiteres Zeugnis für die Lust am Leben und an der Selbstdarstellung der Neapolitaner. In der Via San Gregorio Armeno in Neapel ist das ganze Jahr über Weihnachten, hier sind die besten Krippenbauer zu Hause.

SLOW FOOD IN KAMPANIEN

Die 1986 in Italien gegründete, längst weltweit aktive Slow-Food-Bewegung, zeigt sich in Kampanien besonders lebendig. Idee und Anspruch sind auch hier der Erhalt der regionalen Küche mit heimischen pflanzlichen und tierischen Produkten und deren lokaler Produktion. Biodiversität, Vielfalt der kulinarischen Kulturen, faire Bedingungen für Produzenten und der Genuss der Konsumenten stehen im Mittelpunkt. Zu den Produkten Kampaniens, die Slow Food fördert, zählen u. a. die *alici di menaica,* Sardellen, die nach uralten Methoden von den Fischern Pisciottas *(siehe S. 97)* gefangen und in Salzlake haltbar gemacht werden. Die weißen Artischocken von Pertosa, die Bohne von Controne, die Tomatensorten Piennolo del Vesuvio oder die berühmte Pomodoro San Marzano, Rohstoff der besten Dosentomaten, treten als Botschafter guten Geschmacks auf. Viele der in diesem Reiseführer genannten Restaurants, in denen man übrigens oft interessante Menschen kennenlernt, folgen der Slow-Food-Philosophie. Der Philosophie der Nachhaltigkeit und Lebensqualität folgt auch die Idee der *Città Slow,* dazu zählen in Kampanien u. a. Amalfi *(S. 67),* Pollica *(S. 87)* und Positano *(S. 73). www.slowfoodcampania.com*

ESSEN & TRINKEN

Kaum eine andere Gegend Italiens ist von der Natur so großzügig bedacht worden wie Kampanien. Vor den Toren Neapels breitet sich die *campania felix* aus, das „glückliche Land".

Hier liegen die sorgfältig gepflegten Felder aus dunkler, satter Vulkanerde, auf denen das ganze Jahr über unzählige Sorten von Gemüse und Obst gedeihen: Artischocken, Broccoli, *cime di rapa,* eine Art Stängelkohl, die typisch kampanischen *friarielli,* ein leicht bitteres Blattgemüse, kleiner grüner Spargel, Paprika, Auberginen, Zucchini, jede Art von Salat und Kohl.

Über allem aber steht die Tomate: die großen, hellroten Fleischtomaten aus Sorrent, ideal als Salat und in der *caprese,* dann die kleinen, süßen Kirschtomaten, die *pomodorini del piennolo,* die auf der fruchtbaren Erde rund um den Vesuv am aromatischsten gedeihen, büschelweise an der Sonne getrocknet werden und so den Pizzabelag, die Bruschetta, den Tomatensud würzen. Inbegriff der Tomate aus der *campania felix* sind aber die birnenförmigen *San Marzano,* aus denen der *sugo* oder die *pummarola,* wie die Neapolitaner sagen, bereitet wird. *Pummarola* kommt auf Spaghetti und Maccheroni, *bucatini, fusilli, vermicelli, scialatelli, cavatelli* und wie die kurzen und langen Pastasorten alle heißen. Man kocht Fisch in *pummarola* genauso wie Fleisch, und auf der Pizza darf der rote Saft natürlich auch nicht fehlen. Oliven, Kapern, Oregano, Knoblauch, *peperoncino* (Chili), Basilikum sind die Würzmittel.

Fingerfood alla Napoletana – auf fruchtbarer Lavaerde gedeihen Obst und Gemüse das ganze Jahr über

Neben den Tomaten spielt natürlich die Pasta eine entscheidende Rolle. Die klassischen hiesigen Sorten sind die *maccheroni della zita,* dicke, lange Spaghetti, die großen Spiralnudeln *tortiglioni* und vor allem die kurzen, breiten Röhrennudeln *paccheri* genannt.

Das Meer bestimmt die Küstenküche mit Sardellen *(alici),* mit Meerbarbe *(triglia),* Drachenkopf *(scorfano),* Barsch *(cernia),* Goldbrasse *(dorata),* Seezunge *(sogliola),* Schwertfisch *(pesce spada),* Makrele *(sgombro),* mit Tintenfisch *(calamare,* *seppia),* Krake *(polipo),* vor allem aber mit Miesmuscheln *(cozze)* und den geliebten Venusmuscheln *(vongole veraci).* Eine echte Slow-Food-Delikatesse sind die **INSIDER TIPP** Sardellen aus Cetara an der Amalfiküste wie auch aus Pisciotta an der Küste des Cilento.

Neben Schwein *(maiale)* und Rind *(manzo)* isst man vor allem im Cilento gerne Zicklein *(capretto)* und Lamm *(agnello)* und auf Ischia – aber nicht nur hier – Kaninchen *(coniglio).* Auch Büffelfleisch erfreut sich wachsender Beliebtheit. Gemü-

SPEZIALITÄTEN

▶ **alici marinate** – rohe, in Zitrone marinierte Sardellen, als Vorspeise

▶ **all'acqua pazza** – „in verrücktem Wasser", Fisch in Tomatensauce

▶ **alla pizzaiola** – Fleisch in Tomatensauce mit Knoblauch und Oregano

▶ **babà** – in Rum getränktes Hefegebäck

▶ **calzone** – Tasche aus Pizzateig, die mit Schinken, Mozzarella, Ricotta und Parmesan gefüllt wird

▶ **caponata** – süßsaurer Gemüseeintopf aus Auberginen, Paprika, Tomaten und Zwiebeln

▶ **caprese** – berühmteste Sommerspeise Italiens: Mozzarella, Tomaten, Basilikum (Foto re.)

▶ **gattò Santa Chiara** – Ofeneintopf aus Kartoffeln, Ei, Schinken, Käse

▶ **impepata di cozze** – Miesmuscheln mit Zitrone, Petersilie und frisch gemahlenem schwarzem Pfeffer

▶ **mozzarella in carozza** – paniertes, frittiertes und mit Mozzarella gefülltes Sandwich

▶ **parmigiana di melanzane** – Gratin aus Auberginenscheiben, Tomaten, Mozzarella, mit Parmesan im Ofen überbacken

▶ **pastiera** – der süße Kuchen Neapels mit Ricotta, gekochten Weizenkörnern, kandierten Früchten, Eiern und Gewürzen (Foto li.)

▶ **polipi affogati** – in Tomatensud „ertrunkene" kleine Kraken

▶ **roba mischiata** – gefüllte Teigtaschen, paniertes Gemüse, frittierte Reisbällchen

▶ **sfogliatelle** – Blätterteigteilchen mit einer Füllung aus Ricotta, kandierten Früchten, Vanille und Zimt

▶ **spaghetti alle vongole** – Spaghetti mit kleinen Venusmuscheln, Knoblauch, und Petersilie

▶ **totani e patate** – Eintopf aus Tintenfischen und Kartoffeln

▶ **zucchine a scapece** – frittierte Zucchinischeiben, mit einem Schuss Essig und Minze kalt angemacht

se wird in Öl eingelegt, gefüllt, gegrillt, mit Zitrone, Knoblauch und Peperoncino gewürzt. Aber auch die Pasta wird mit Gemüse in allen möglichen Variationen angemacht.

Ganz wichtig ist in Kampanien Süßes, in jeder *pasticceria* wird Ihnen das Wasser im Mund zusammenlaufen, und sogar Auberginen werden hierzulande, mit Schokoladensauce überzogen, gelegentlich als Dessert serviert. Wichtige Zutaten sind kandierte Früchte und vor allem Ricotta, der Frischkäse aus Kuh- oder Schafmilchmolke.

Überhaupt gibt es in Kampanien ein paar ausgezeichnete Käsesorten. König ist sicherlich der Mozzarella aus Büffelmilch (di bufala), locker, saftig und sahnig, ein Gedicht und in nichts zu vergleichen mit dem knautschigen Supermarktmozzarella. Andere frische Käse sind der scamorza, den man gern geräuchert oder gegrillt isst, und der hellgelbe provolone, mit dem man häufig Pizzataschen füllt. Und zu allem passt das köstliche kräftige Landbrot. Für den kleinen Hunger zwischendurch können Sie sich auch in einer rosticceria oder tavola calda mit roba mischiata auf die Hand versorgen: Fingerfood alla napoletana.

Kampanien hat natürlich auch seine eigenen Weine, und das schon seit 3000 Jahren. Von den Hängen des Vesuvs kommen weiße und rote Weine, die den dramatischen Namen Lacryma Christi tragen, Träne des Christus. Exzellente kampanische Weißweine sind Fiano di Avellino und Greco di Tufo oder der Bianco d'Ischia. Während der frische Fiano gut zu Fisch und vor allem Meeresfrüchten passt, trinkt man den fruchtigen, oft leicht moussierenden Greco di Tufo gern als Aperitif.

Vollmundige kampanische Rotweine sind Iaurasi und Falerno (den Letzteren gibt es auch weiß). Eher schlicht, aber gleichwohl gut ist der leicht moussierende Gragnano. Spielen die Weine der Irpinia, wie die Provinz Avellino auch genannt wird, seit vielen Jahren in der italienischen Spitzenliga, wurden inzwischen auch einige Weine des Cilento bei den jährlich stattfindenden Verkostungen von „Vini d'Italia" auf das Siegertreppchen gesetzt. Das ist dem Einsatz engagierter Winzer wie Bruno De Conci-

Ob Ristorante oder Pizzeria: Draußen sitzen können Sie im Süden fast immer

liis, Luigi Maffini, Francesco Barone oder den Newcomern Mario Corrado und Ida Budetta zu verdanken. Sie setzen auf die Kraft der autochtonen Rebsorten Aglianico (rot) und Fiano (weiß).

Zu den regionalen Likören zählen der limoncello oder limoncino aus Zitrone, genauer: aus der besonders dicken Schale der typischen Amalfizitrone, limone sfusato genannt, und der Magenbitter amaro Strega aus Benevent; die Walnüsse aus den hiesigen Nussbaumplantagen sind dessen Grundzutat. Und krönender Abschluss einer jeden Mahlzeit ist natürlich ein caffè.

EINKAUFEN

Traditionelles und modernes Kunsthandwerk, Kleidung, Kulinarisches, edler Schmuck, schicke Mode, Ramsch, Hehlerware: Diese Ecke Süditaliens rund um den Golf von Neapel scheint eine einzige Fundgrube zu sein.

KULINARIA

Etwas Bodenständiges bietet Gragnano, ein Städtchen über dem Golf von Neapel am Beginn der Sorrentinischen Halbinsel, das in ganz Italien berühmt für seine exzellente **INSIDER TIPP** Hartweizenpasta ist. Sie bekommen sie in Lebensmittelläden und in den lokalen Supermärkten.

Unter den Kulinaria kann man als Souvenir auch in Öl oder Essig eingelegte Gemüse – Auberginen, Zucchini, Pilze, Artischocken – mitnehmen, die *sott'oli* bzw. *sott'aceti*. Oder das gute Olivenöl aus dem Cilento. Und überall bekommt man den *limoncello*, den köstlich frischen Zitronenlikör.

KUNSTHANDWERK

Jedes Stadtviertel, jeder Ort in Kampanien hat sich auf ein über Generationen gewachsenes Handwerk spezialisiert. Etwa in Neapels *centro storico* entlang der Haupttrasse Spaccanapoli: Da gibt es Straßen voller Juweliergeschäfte, Straßen mit Musikinstrumenten, mit Buchläden, mit herrlich verkramten Papiergeschäften, Läden mit künstlichen Blumen aus Papier, Wachs, Seide, Straßen mit Antiquitäten und sogar eine komplette Straße fast nur mit Krippenfiguren, die Via San Gregorio Armeno, die sich zur Weihnachtszeit in einen bunten Basar verwandelt.

Positano an der Amalfiküste kreiert eine eigene Sommermode aus bunten, luftigen Stoffen, dazu auch handgemachte Sandalen und Espadrilles. Im chaotischen Küstenstädtchen Torre del Greco dreht sich alles um die Kunst, aus Korallen und Muscheln Schmuck und Gemmen zu schnitzen.

In Amalfi und Tramonti hingegen hat die Tradition fein geschöpften Papiers überlebt, ein wunderbares Mitbringsel, da leicht zu transportieren. Und in Sorrent blüht nach wie vor die Kunst der Holzintarsienlegerei: Da gibt es Schachteln und Kästchen, Tabletts, Bilderrahmen und vieles mehr.

Vasen und Geschirr aus Keramik und Majolikakacheln gehören zum Traditionshandwerk an der Küste (Vietri sul Mare) und auf den Inseln (Ischia). Die blüten-

Keramik, Korallen, Kulinaria: Lebendige Tradition – jeder Ort, jeder Stadtteil pflegt sein eigenes Handwerk

und kräutergeschwängerte Luft Capris inspirierte zu allerlei aromatischen Parfums, die im Labor Carthusia auf Capri aus lokalen Blumenessenzen hergestellt werden.

In San Leucio bei Caserta mit seinen wunderbaren Seidenmanufakturen, von denen heute immerhin noch acht existieren – mit über 600 Beschäftigten –, bekommen Sie allerschönste Stoffe. Vieles geht heutzutage nach Übersee, in reiche arabische und südamerikanische Haushalte.

MÄRKTE

Ob zum Kaufen oder zum Schauen – ein Vergnügen sind die Märkte: bunte Schauplätze mit Gemüse, Früchten, Fisch, Kleidern, Haushaltswaren etwa die täglichen Straßenmärkte in Neapel an der Porta Nolana und der Porta Capuana; dann der Antiquitäten- und Trödelmarkt jedes dritte Wochenende im Monat am Stadtpark Villa Comunale; schließlich der riesige tägliche Secondhandmarkt

am Corso Resina in Ercolano, eine Fundgrube für Klamotten aus den Siebzigern.

MODE

Neapel ist DIE Modemetropole Süditaliens. Die bekannten Adressen drängen sich am Toledo und im Chiaia-Viertel. Ein Klassiker ist *Marinella (Riviera di Chiaia 287 | www.marinelanapoli.it)*, der die elegantesten Krawatten der Stadt schneidert. Dazu kann man sich Hemden anpassen lassen.

NEAPEL-SOUVENIRS

Bei *Napolimania* in der Via Toledo 312 gibt es Souvenirs, die ironisch mit den Klischees der Stadt spielen: Graffitisprüche oder die Konservendose „Aria di Napoli" mit der Luft von Neapel, für masochistische Nostalgiker und von wahrlich anderer Beschaffenheit als die Blütendüfte Capris. Oder gar ein rotes Hörnchen gegen den *malocchio*, den bösen Blick?

DIE PERFEKTE ROUTE

REIF FÜR DIE BILDSCHÖNE INSEL

1 *Neapel* → S. 32 und Umgebung erkunden Sie am besten mit öffentlichen Verkehrsmitteln. Nach **2** *Pozzuoli* → S. 45 geht es mit der Vorortbahn Cumana oder der Metro. Fisch frisch vom Kutter gibt es jeden Morgen (außer Mo) am Hafenmarkt. Die Fährüberfahrt auf die **3** *Insel Procida* → S. 64 (Foto li.) ist eine Kreuzfahrt zu volksnahen Preisen. Hierher fliehen die Neapolitaner, wenn sie die Touristen auf Capri und Ischia nicht sehen wollen.

WEITBLICK VOM VULKAN

Mit der Fähre geht es zurück nach Neapel und mit dem Auto weiter in Richtung Süden auf der Via Reggia di Portici mit Stopp im antiken **4** *Herculaneum* → S. 50, weitaus weniger besucht als Pompeji und weitaus besser erhalten, quasi versteinert vom Lavaschlamm des **5** *Vesuv* → S. 56. Die Höhenstraße führt auf 1000 m Höhe, zu Fuß geht es weiter zum Kraterrand mit tollem Golfblick. Den genießt man selten allein – machen Sie sich also keine falschen Hoffnungen.

GÖTTLICHE KÜSTE

Von der Autobahn führt die SS 145 über Castellamare di Stabia mit Meeresblick nach **6** *Sorrent* → S. 79. Vorbei an Zitronen- und Olivenhainen schlängelt sich die Straße über Massa Lubrense bis Termini. Wanderer lockt die **7** *Punta Campanella* → S. 82 mit bestem Capri-Blick. Eine Stichstraße endet in Marina del Cantone – ein Badeort fast wie aus den 1950er Jahren. Aufregend für Autofahrer und Fotografen wird es nach **8** *Sant'Agata sui due Golfi* → S. 83 auf der kurvigen Amalfitana-Küstenstraße SS 163. Ein erster Fotostopp kurz vor **9** *Positano* → S. 73 (Foto u.) ist Pflicht. Praiano, Amalfi, Atrani und Cetara – welches ist das schönste Küstenstädtchen? Parkplätze sind überall knapp. In **10** *Vietri sul Mare* → S. 72 endet die 30 km lange „Costa divina", beste Gelegenheit ist hier für einen Keramikeinkaufsbummel.

ZUKUNFT UND ANTIKE

Die Nachbarstadt **11** *Salerno* → S. 78 ist im Aufwind. Mittelalter und 21. Jh. scheinen sich gut zu vertragen. Wer die Amalfitana bereits vermisst, kann sich hier einschiffen und schnurstracks zurückfahren. Für alle anderen geht es auf der Litoranea Richtung Cilento.

Erleben Sie die vielfältigen Facetten des Golfs von Neapel von Nord nach Süd mit Abstechern zur Insel Procida und zum Krater des Vesuvs

Staunen kann man wieder in **12** *Paestum →* S. 91, mit seinem griechischen Tempel. Hier bietet sich auch eine Pause an: mit dem besten Büffelmozzarella!

ZWISCHEN BERGEN UND MEER

Südlich von Agropoli reichen die Olivenhügel bis ans Meer, dazwischen öffnen sich Sandbuchten, wie bei **13** *Santa Maria di Castellabate →* S. 86. Die Fahrt auf der Küstenstraße führt über Acciaroli, Pioppi, Ascea nach **14** *Pisciotta →* S. 97 und Facilla Commy. Vielleicht liegt das Paradies aber auch östlich von **15** *Marina di Camerota →* S. 90: Die wildromantische Costa degli Infreschi erkunden Sie am besten doppelt – zu Fuß und mit dem Boot. Baden nicht vergessen!

Danach geht es Serpentinen hoch nach Lentiscosa und weiter am Fuß des Monte Bulgheria entlang. Kurz vor San Giovanni a Piro lohnt ein Autoabstecher zum Belvedere Ciolandrea. Wer Lust hat, kann hier noch mal seine Wanderstiefel schnüren, bevor die Perfekte Route später in **16** *Scario →* S. 91 stilecht am Meer endet.

352 km. Reine Fahrzeit ca. 9 Stunden Empfohlene Reisedauer: 3–4 Tage Detaillierter Routenverlauf auf dem hinteren Umschlag, im Reiseatlas sowie in der Faltkarte

NEAPEL

KARTE IM HINTEREN UMSCHLAG
(128–129 C–D 4–5) (*ⓜ C–D4*)

Ein bisschen Herzklopfen hat man ja vor dem Besuch der Stadt: Wird man sich im Chaos zurechtfinden? Hat man abends noch Handtasche und Fotoapparat?

Große Wachsamkeit ist angeraten, das weiß auch die Polizei, die gerade in der Altstadt von Neapel und in der Nähe der Sehenswürdigkeiten besonders häufig patrouilliert. Neben ruppigem Chaos und Schmutz stehen ausgesuchte Freundlichkeit, herzliches Lachen, lauschige Plätze, strahlendes Blau von Himmel und Meer, Düfte von *caffè*, süßem Gebäck und Pizza, schwungvolle Pracht und tief verwurzeltes Kulturbewusstsein. Neapel hat aber auch eine hochmoderne Seite: Im Osten erheben sich gläserne Hochhäuser, und ein Faible für zeitgenössische Kunst zeigt sich auf Plätzen, in U-Bahn-Stationen, in neuen Museen und schicken Galerien.

Napoli, die Hauptstadt der Region Kampanien, ist die drittgrößte Stadt Italiens. Zehnmal so dicht besiedelt wie Florenz, zählt sie 1 Mio. Ew., schwillt aber mit den wild zersiedelten Peripheriezonen auf 3 Mio. an. Im dichten Geflecht verbergen sich allein 300 Kirchen, zahllose Paläste, Burgen, Klöster. Jede Epoche, jede Herrschaft hat ihre Insignien hinterlassen: mittelalterliche Kastelle und gotische Kirchen, denen die Pracht des Barocks der Gegenreformation ein neues Gesicht verlieh. Im 18. Jh., als Neapel eine der glänzendsten und bedeutendsten Städte Europas war, ließ der „gute König Karl" das prächtige Theater San Carlo, gewal-

Kastelle, Katakomben und pralles Leben: Italiens drittgrößte Stadt fasziniert über wie unter ihrer bewegten Erde

CITY ► WOHIN ZUERST?

Von der **Piazza Trento e Trieste (U D5)** (🗺 *d5*) *(Bus R 2 vom Hbf; Standseilbahn: Funicolare Centrale von der Via Toledo auf den Vomero)* geht es in alle Richtungen zu Fuß weiter, auf die Piazza del Plebiscito nebenan, zum Einkaufsbummel in die Via Chiaia oder durch die Fußgängerzone Via Toledo in ca. 30 Minuten ins *centro storico*.

tige Residenzen wie Capodimonte oder vor den Stadttoren Caserta und Portici errichten. Zeitgleich entstand die riesige Armenherberge Albergo dei Poveri.

Sie sollten die nicht sehr weitläufige, verkehrsberuhigte Innenstadt mit ihren im Gassengewirr versteckten Sehenswürdigkeiten am besten zu Fuß erkunden. Bei den in der Innenstadt gelegenen Sehenswürdigkeiten verzichten wir daher auf eine Angabe der Verkehrsverbindung. Busse (C 57, R 2, R 4) fahren auf den größeren Arterien, die die Altstadt

Das Castel Nuovo, das Neue Schloss, hat auch schon 700 Jahre auf dem Buckel

flankieren. Die Standseilbahnen helfen, in die höher gelegenen Stadtviertel zu gelangen. Die zentrale Achse *Spaccanapoli* teilt das *centro storico* in zwei Teile (*spaccare* = spalten) und heißt auf dem Stadtplan Via Benedetto Croce/Via San Biagio dei Librai.

Eine weitere Orientierungslinie ist die *Via Toledo,* Prachtstraße zur Zeit der spanischen Vizekönige und heute eine der Hauptgeschäftsstraßen der Stadt: Von der einstigen Reggia Capodimonte führt sie hinab gen Meer und flankiert die chaotischen Viertel Sanità zur Linken, Quartieri Spagnoli zur Rechten. Dann berührt die Via Toledo an der Piazza Dante die historische Altstadt und erreicht schließlich den Palazzo Reale an der Piazza del Plebiscito.

Am Meer liegt das Viertel Santa Lucia; von den Uferstraßen Via Nazario Sauro und Via Partenope blicken die großen, luxuriösen Traditionshotels auf den Felssplitter des Castel dell'Ovo. Im Norden und Westen der Stadt breiten sich die Viertel von „Napoli bene" aus, das großbürgerliche *Chiaia-San Ferdinando* mit stattlichen Wohnhäusern und ein paar netten Hotels, edlen Läden, der eleganten Piazza dei Martiri und vielen Szenelokalen oder das höher gelegene, etwas anonymere Viertel *Vomero* mit der beliebten Piazza Vanvitelli sowie das feine ☀ *Posillipo* mit seinen Villen überm Meer.

Für den Bummel ein Tipp: Oft säumen alte Adelspaläste die Gassen, schauen Sie also in jedes offene, meist stattlich gerahmte Portal – häufig überraschen sie mit wunderbaren Innenhöfen und Treppenhäusern.

SEHENSWERTES

CAPPELLA SANSEVERO (U D3) (*ω d3*)

Der neapolitanische Totenkult findet in der Rokokokapelle des Fürsten und Alchimisten Raimondo di Sangro seinen ästhetischen Höhepunkt im marmorverschleierten Christus von Giuseppe Sammartino (1753). In der Krypta finden Sie das Zeugnis eines makabren Experiments: das versteinerte Arteriengeflecht zweier Toter, vermutlich Bedienstete, denen der wahnsinnige Raimondo bei lebendigem Leib eine verhärtende Flüssigkeit in die Adern gespritzt haben soll. *Mo und Mi–Sa 10–17.40, So 10–13.10 Uhr | Via F. De Sanctis 19 | www. museosansevero.it*

CASTEL NUOVO (U D5) (ⓜ d5)

Von Karl I. von Anjou Ende des 13. Jhs. gebaut, daher auch *Maschio Angioino* genannt. Die Übernahme der Herrschaft durch die Spanier versinnbildlicht der wunderbare *Renaissancebogen* (1453–1470). Sehenswerte Innenausstattung mit Gemälden und Kapelle, der *Cappella Palatina* sowie der prachtvollen *Sala dei Baroni*, in der heute der Stadtrat tagt. *Mo–Sa 9–19 Uhr | Piazza Municipio/Via Vittorio Emanuele III | Bus R 1, R 2, R 3: Municipio*

CASTEL DELL'OVO/BORGO MARINARI ☀️ (U D6) (ⓜ d6)

Ein mythischer Ort auf dem Inselchen vor der Stadt: Vergil soll ein Ei in die Mauern des Kastells *(Mo–Sa 9–19.30, So 9–14 Uhr)* eingebaut haben, begleitet vom Orakel, dass Neapel so lange bestehen wird, wie dieses Ei unversehrt bleibt. Der Zugang zur Burg – heute aufwendig restauriert und Kongresszentrum – erfolgt über einen kleinen Brückendamm. Der Burg zu Füßen liegt der *Borgo Marinari,* einst eine Fischersiedlung, heute lebhafter Treffpunkt mit Cafés und exklusiven Yacht- und Ruderclubs. *Busse R 3, 140*

CASTEL SANT'ELMO ☀️ (U C4) (ⓜ c4)

Vom dritten Kastell, einer sternförmigen Festung aus der Zeit der Anjou am Ostrand des Vomeroplateaus genießt man den besten Blick auf das *centro storico*. Das Kastell war eines der Symbole der nur wenige Monate währenden Politutopie der Parthenopäischen Republik von 1799. Heute finden in einem Teil der Räume ausgefallene Kunstausstellungen

---

⭐ **Museo Archeologico Nazionale**
Herrliche Mosaiken und Malereien aus Pompeji, Meisterwerke antiker Bildhauerkunst und zeitgenössische Kunst zu Gast → S. 37

⭐ **Museo e Gallerie Nazionali di Capodimonte**
Die reiche Kunstsammlung gilt als „Louvre am Vesuv". Ein Blickfang im 3. Stock ist Andy Warhols poppiger „Vesuvausbruch" → S. 37

⭐ **Museo Nazionale di San Martino**
Quirliges Leben im Kleinformat: die Krippensammlung des Klosters, dazu den besten Belvedere → S. 38

⭐ **Napoli Sotterranea**
Neapels Unterwelt: römische Steinbrüche, griechische Zisternen, barocke Brunnenschächte und Camorra-Verstecke → S. 38

⭐ **Chiostro delle Clarisse**
Laubengänge mit Bänken aus farbenprächtigen Majoliken → S. 41

⭐ **Cuma**
Hier orakelte die berühmte griechische Seherin Sibylle. Eine schöne *passeggiata* – mit dem üblichen Ritual des Plauderns, Flirtens, Sehen und Gesehenwerdens – führt auf den Akropolishügel → S. 47

MARCO POLO HIGHLIGHTS

statt. Vor der Burg liegt das Kartäuserkloster *Certosa di San Martino (heute Museum, siehe S. 38). Mi–Mo 8.30–19.30 Uhr | Via Tito Angelini | www.polomusealenapoli. beniculturali.it | Funicolare Montesanto*

DUOMO SAN GENNARO (U E3) *(m e3)*
Im Innern des über die Jahrhunderte reich ausgestatteten Doms (Anfang

Kunstschätze aus der Antike:
im Museo Archeologico Nazionale

14. Jh.) hütet eine prächtige Barockkapelle die Blutreste des Stadtpatrons San Gennaro, die sich zweimal im Jahr, im Mai und im September, wundersamerweise verflüssigen. Unterm Dom zeigen *Ausgrabungen (Mo–Fr 9–12 und 16.30–19, Sa/So 9–12 Uhr)* Reste des griechischen, römischen und mittelalterlichen Neapel. Im *Dommuseum (tgl. 9–17.30, So*

9.30–14 Uhr | www.duomodinapoli.it)* werden die Kostbarkeiten des reichen Domschatzes vorgeführt. *Via Duomo | Metro 2: Piazza Cavour*

GALLERIA UMBERTO I (U D5) *(m d5)*
Die typische, elegante Einkaufspassage der Großstädte Ende des 19. Jhs. *Via Toledo/Via San Carlo | Busse R 1, R 2, R 3*

GESÙ NUOVO (U D3) *(m d3)*
Gesù Nuovo war die Kirche der Jesuiten Neapels. 1584 gebaut, ist sie ein mächtiges Beispiel für den neapolitanischen Barock. Ihre düstere Diamantenquaderfassade ist der Rest eines Adelspalasts. *Piazza del Gesù Nuovo*

KATAKOMBEN ●
Hinter der Basilica della Madre del Buon Consiglio auf dem Weg hinauf nach Capodimonte geht es hinunter in den mit Fresken ausgemalten unterirdischen Friedhof der ersten Christen, in die *Catacombe di San Gennaro (Einlass Di–So 9, 10, 11, 12 Uhr | Tondo Capodimonte* (U D1) *(m d1)* | *www.catacombedina poli.it | Bus M 5 ab Metro Museo, R 4 ab Piazza Dante).* Unweit liegen weitere Katakomben unter der sehenswerten Kirche Santa Maria della Sanità: *Catacombe di San Gaudosio (Führungen tgl. zu jeder vollen Std. von 10 bis 13 Uhr |* (U D2) *(m d2)).* Sie stammen aus dem 5. Jh. n. Chr. Ein `INSIDER TIPP` kleiner Knochenfriedhof *(Sa 10–13 Uhr | Via Tribunali 39* (U E3) *(m e3))* findet sich unterhalb der Kirche *Santa Maria delle Anime del Purgatorio ad Arco* in der Altstadt.
Die ☺ `INSIDER TIPP` Kulturinitiative *La Paranza* begleitet Besucher nicht nur in den Untergrund, sondern bietet auch überirdische Stadtteilrundgänge an, informiert dabei zu den sozialen Bedingungen im Problemviertel Sanità und verrät intelligente Lösungsansätze, die jungen

Menschen berufliche Perspektiven und Alternativen zu Camorra und Co. bieten. *La Paranza* betreibt in den restaurierten Räumen des direkt an die Kirche angeschlossenen ehemaligen Dominikanerkonvents ein gastliches B & B *(siehe S. 44)*.

MUSEO ARCHEOLOGICO NAZIONALE

⭐ (U D2–3) (🗺 d2–3)
Beispiellose Sammlung antiker Kunst und Kultur des Mittelmeerraums vom 8. Jh. v. bis zum 5. Jh. n. Chr. aus der zweiten Hälfte des 18. Jhs., einer Zeit, in der das Interesse an antiker Archäologie und Kunst Europa wie ein Fieber durchzog. Neapel stand mit den Ausgrabungen von Herculaneum und Pompeji im Mittelpunkt dieses Interesses. Zu den Höhepunkten aus Pompeji, Herculaneum und Stabiae gehören die Skulpturen und vor allem die kunstvollen Mosaiken und Fresken, wunderbar zarte Landschafts- und Porträtmalereien aus den pompejanischen Villen. Außerdem darf man (Mindestalter zwölf Jahre) ins *Gabinetto Segreto,* die jahrelang unter Verschluss gehaltene Sammlung erotischer Darstellungen aus den Freudenhäusern Pompejis – fein und unmissverständlich! Nach dem Museumsbesuch lädt die gegenüberliegende *Galleria Principe di Napoli* im Jugendstil zum Bummel und vielleicht auch einem Snack ein. *Mi–Mo 9–19.30 Uhr | Piazza Museo | museoarcheologiconazionale.campaniabeniculturali.it | Metro 1: Museo*

MADRE UND PAN

Hinter diesen Abkürzungen stecken die beiden aufregenden Sammlungen zeitgenössischer Kunst im schick restaurierten Palazzi inmitten der Altstadt. Im *Museo d'Arte Contemporanea Donna Regina (Mo und Mi–Sa 10.30–19.30, So 10.30–23 Uhr | Via Settembrini 79* (U D2) *(🗺 d2) | www.museomadre.it |*

Metro 2: Piazza Cavour) stellt die internationale Künstlerelite der letzten 40, 50 Jahre aus – darunter Joseph Beuys, Andy Warhol, Richard Serra, Jeff Koons und Mimmo Paladino. Und mit dem *Palazzo delle Arti di Napoli (Mo und Mi–Sa 9.30–19.30, So 9.30–14.30 Uhr | Via dei Mille 60* (U C5) *(🗺 c5) | www.palazzoartinapoli.net | Busse C 22, C 24, C 25, C 28)*, dem Forum für neue, lebendige Kunst aus Neapel, hat sich die Stadt an die kulturelle Gegenwart angekoppelt.

MUSEO E GALLERIE NAZIONALI DI CAPODIMONTE ⭐ 🌿 (U D1) (🗺 d1)

Hoch über der Stadt gelegen, beherbergt der strenge, rotgraue Palast die hochkarätige Gemäldesammlung der Bourbonenkönige von italienischen Meistern wie Tizian, Mantegna, Caravaggio und vielen anderen, von Niederländern wie Pieter Brueghel, kurz: eine der reichsten Pinakotheken Italiens. Höhepunkt ist ein Salon ganz aus Porzellan, ein Werk der legendären Porzellanmanufaktur von Capodimonte. Im gepflegten 🌿 Park voller Palmen spazieren am Sonntag die Familien. Dahinter dehnt sich ein Wald aus, die grüne Lunge der Stadt und Joggerparadies. *Do–Di 8.30–19.30 Uhr | Via Miano 2 | museodicapodimonte.com paniabeniculturali.it | Bus R 4 ab Piazza Dante, Bus M 5 ab Metro Museo*

MUSEO NAZIONALE DELLA CERAMICA

(U B5) (🗺 b5)
Auf dem Vomero liegt inmitten des herrlichen Parks Villa Floridiana diese klassizistische Villa voller Kostbarkeiten aus Porzellan, Glas, Elfenbein und Korallen. Vom 🌿 Belvedere im Park genießen nicht nur verliebte Pärchen den Blick auf Golf und Inseln. *Mi–Mo 8.30–14, Park tgl. 9 Uhr–1 Std. vor Sonnenuntergang | Via Cimarosa 77 | floridiana.spmn.campania beniculturali.it | Funicolare Chiaia*

MUSEO NAZIONALE DI SAN MARTINO
⭐ 🔆 (U C4) (𝄢 c4)

Der Blick, der Garten, die phantastischen neapolitanischen Krippen im Museum sowie die historischen Ansichten zu Neapel und dem Golf, dann die Sakristei, die Klosterkapelle und der Kreuzgang: alles triftige Gründe für den Besuch des imposanten Kartäuserklosters San Martino (14. Jh.), gut mit der Standseilbahn zu erreichen. *Do–Di 8.30–19.30 Uhr | Largo San Martino | www.polomusealenapoli. beniculturali.it | Funicolare Montesanto*

NAPOLI SOTTERRANEA (UNTER-IRDISCHES NEAPEL) ⭐ (U E3) (𝄢 e3)

„Napoli Sotterranea" steht über einem versteckt in einem Seitengässchen der Via Tribunali liegenden Portal. Hier steigt man hinab in Neapels Unterwelt, ein Labyrinth aus Tunneln, Zisternen, Vorratskellern, Kanalisationsgalerien, Höhlen, die schon die Griechen und Römer in den Lavatuff unter der Stadt getrieben hatten – jüngst hat man sogar die Reste eines griechischrömischen Theaters entdeckt –: unterirdische Steinbrüche, aus deren Tuffquadern man die oberirdischen Häuser baute und die zuletzt als Müllgruben und im Krieg als Luftschutzkeller dienten. *Zweistündlich Führungen, auch auf Deutsch, Mo–Fr 12–16, Do bis 21, Sa/So 10–18 Uhr | Piazza San Gaetano 68 | www. napolisotterranea.org*

PALAZZO DELLO SPAGNOLO
(U D2) (𝄢 d2)

Im Rione Sanità, einem der chaotischen Viertel im historischen Zentrum, stehen besonders interessante Beispiele für die kühne spätbarocke Architektur des großen Architekten Ferdinando Sanfelice (1675–1748), der mit seinen *scale aperte,* den offenen Treppenhäusern, Schule machte, allen voran der Palazzo dello Spagnolo gegenüber der ebenfalls

sehenswerten Kirche *Padri della Missione* vom ebenso berühmten Architekten Luigi Vanvitelli. *Largo dei Vergini 19 | Metro 2: Piazza Cavour*

PIAZZA DANTE (U D3) (𝄢 d3)

Über die halbrunde, im 19. Jh. von Luigi Vanvitelli entworfene und 2002 von Gae Aulenti redesignte Piazza weht der frische Wind der Stadterneuerung. Anzeichen sind die neue Kunst-Metrostation und die **INSIDER TIPP** renommierte Avantgardegalerie *Fondazione Morra (Mo–Fr 10–17 Uhr | www.fondazionemorra.org),* die im Palazzo Ruffo di Bagnara ihr neues Quartier bezogen hat. Im Rücken der Dante-Statue führt die Via Port'Alba, vorbei an Buchläden, auf die Piazza Bellini ins *centro storico.* In den engen Gassen oberhalb der Piazza Dante bietet das 🔆 *Museo Hermann Nitsch (Mo–Fr 10–19, Sa 10–14 Uhr | Vico Lungo Pontecorvo 29 d | www.museonitsch.org)* in einem ehemaligen Elektrizitätswerk dem österreichischen Aktionskünstler einen idealen Ausstellungsraum. *Metro 1: Piazza Dante*

PIAZZA DEL PLEBISCITO/PALAZZO REALE (U D5) (𝄢 d5)

An der großartigen klassizistischen *Piazza del Plebiscito,* im 19. Jh. Aufmarsch- und Festplatz, heute beliebte Flanier-, Spiel- und Konzertstätte, liegt der große Königspalast, der *Palazzo Reale (Do–Di 9–19 Uhr | www.palazzorealenapoli.it).* Er wurde Anfang des 17. Jhs. zur Zeit der spanischen Vizekönige von Domenico Fontana gebaut. 1727 entstand das prächtige Treppenhaus. In der Palastanlage sind Gemächer, Hoftheater, eine Gemäldesammlung und Gärten zu besichtigen. Gegenüber beeindruckt die dem Pantheon nachempfundene Kuppelkirche *San Francesco di Paola* aus dem 19. Jh. Während der Bourbonenherrschaft war die

Piazza Bühne einer neapolitanischen Variante von „Brot und Spielen", bei denen die immer hungrigen Volksmassen sich an ausgewählten Tagen auf Berge aufgetürmter Lebensmittel stürzen durften. Anlass konnte eine königliche Hochzeit, ein hohes Kirchenfest oder eine drohende Revolte sein. Bis in die 1990er-Jahre ein

PIO MONTE DELLA MISERICORDIA ●
(U E3) (🗺 e3)

Die heute noch aktive Wohlfahrtseinrichtung wurde 1601 von sieben neapolitanischen Adligen gegründet. Das Altarbild „Die sieben Werke der Barmherzigkeit" schuf 1606/07 der berühmte Maler Caravaggio. Es ist immer noch an

Klassizistisch: die Piazza del Plebiscito mit der Kirche San Francesco di Paola

zugemüllter *parcheggio*, wurde die vom Autoverkehr befreite Piazza zum Symbol von Neapels kulturellem Wiederaufbruch und ist heute beliebter Treffpunkt von Einheimischen wie von Besuchern. Jedes Jahr zu Weihnachten wird der Platz zur riesigen Freiluftgalerie, für die international renommierte Künstler wie Mimmo Paladino, Anish Kapoor, Rebecca Horn, Richard Serra oder Carsten Nicolai eindrucksvolle Installationen geschaffen haben. Und der ● Silvester-Rave auf der Piazza Plebiscito ist ein Megaevent, das man einfach erlebt haben muss! *Busse R 1, R 2, R 3*

Ort und Stelle zu bewundern. *Kirche und Gemäldegalerie Do–Di 9–14.30 Uhr | Via Tribunali 253 | www.piomontedellamisericordia.it | Eintritt in der Kirche frei, Gemäldegalerie 5 Euro*

POSILLIPO UND MARECHIARO
(O) (🗺 0)

An Neapels Bucht entlang gen Südwesten geht es hinauf ins traditionelle Villenviertel 🔆 *Posillipo:* Refugium des wohlhabenden Bürgertums, der Neureichen und der alten Adelsfamilien, die ihre Paläste im chaotischen Stadtinnern längst verlassen haben. Die Villen liegen in verwunschenen Gärten am Hang des Monte Posillipo bis hinunter ans Meer. Ihnen vorgelagert ist die hochromantische Halbruine ✹ *Palazzo Donn'Anna*. Alles sehr privat, auch der Zugang zum Meer. Ein paar öffentliche, exklusive Strandbäder gibt es. An Posillipo schließt sich der ehemalige Fischerort Marechiaro an mit romantischen ✹ Fischrestau-

der 700 m lange in den Tuff gehauene Tunnel, die sog. *Grotta di Seiano*, ein Verbindungsweg zum Meer. Zum Schutz der Küste und der Unterwasserwelt wurde der *Parco Sommerso di Gaiola (Di–So 10–14 Uhr, Sommer 10–16 Uhr | Tel. 08 12 40 32 35 | www.areamarinaprotet tagaiola.it)* geschaffen. Die ✹ Buslinie 140 fährt die Posillipoküste entlang.

Majolikapracht unter Zitrusbäumen: Kreuzgang im Kloster Santa Chiara

rants bei grandiosem Blick über den Golf, darunter *Da Cicciotto (tgl. | Calata Ponticello a Marechiaro 32 | Tel. 08 15 75 11 65 | www.trattoriadacicciotto.it | €€€)*. Unterhalb Posillipos bei der Discesa Coroglio kommt man an die Reste der römischen *Villa Imperiale di Pausilypon (Di, Do, Sa 9.30–13 Uhr | anmelden unter Tel. 08 12 30 10 30)*, die der reiche Freigelassene Publius Vedius Pollio im 1. Jh. v. Chr. hatte errichten lassen. Nach seinem Tod ging die Villa in kaiserlichen Besitz über. Allein das Theater der Villa „Sorgenfrei" bot 2000 Zuschauern Platz. Heute wird es wieder genutzt. Eindrucksvoll ist auch

SAN DOMENICO MAGGIORE
(U D3) (* catalog d3*)
Die elegante Barockkirche beherbergt zahlreiche Grabmäler neapolitanischer Könige (Anjou, Aragón) und des Adels. *Tgl. 9.30–12 und 17–19 Uhr | Piazza San Domenico Maggiore*

SAN LORENZO MAGGIORE
(U E3) (*catalog e3*)
Eine stattliche Kirche in französischer Gotik. Sehenswert sind auch die *Ausgrabungen (Complesso Archeologico San Lorenzo Maggiore | Mo–Sa 9.30–17.30, So 9.30–13.30 Uhr | www.sanlorenzomag*

giore.na.it), die in den 50er-Jahren des 20. Jhs. unter der Kirche entdeckt wurden: auf griechischen Mauerresten eine gut erhaltene römische Ladenstraße mit Backstube, Weinkneipe und den Resten eines Marktplatzes. *Piazza San Gaetano*

SANTA CHIARA (U D3) (📱 d3)

1943 bei Bombenangriffen schwer beschädigt, wurde die eindrucksvolle Klosterkirche im ursprünglichen, französischgotischen Stil wieder aufgebaut. Im Innern liegen zahlreiche Könige und Adlige begraben. Das Grab von Robert von Anjou ist das größte Grabmal des Mittelalters. Im Hof des Kreuzgangs bezaubert der ⭐ *Chiostro delle Clarisse,* ein Klostergarten mit majolikagekachelten Sitzbänken, duftenden Zitronen- und Orangenbäumen und schönen Laubengängen – eine Oase für müde Touristen und Mütter mit Kleinkindern. Im Vorraum zum Garten kann man eine riesige Weihnachtskrippe aus dem 18./19. Jh. bestaunen. Angeschlossen ist zudem das *Museo dell'Opera di Santa Chiara* mit Kunstwerken und Ausgrabungsstücken. *Klostergarten und Museum Mo–Sa 9.30–17.30, So 10–14.30 Uhr | Via Benedetto Croce/Via Santa Chiara 49 c | www.monasterodisantachiara.eu*

TEATRO SAN CARLO (U D5) (📱 d5)

Weltberühmter Tempel des Melodramas, 1737 errichtet. Auch heute renommiertes Programm. *Führungen Mo–Sa 10–17.30, So 11–12.30 Uhr | Via San Carlo 98/F | Tel. 08 17 97 23 49 (Infos) und 08 17 97 23 31 (Tickets) | Busse E 6, R 1, R 2, R 3*

ESSEN & TRINKEN

CAFÉS, PASTICCERIE, GELATERIE

Das Traditionscafé schlechthin ist *Gambrinus (Piazza Trento e Trieste*

(U D5) *(📱 d5));* den besten *caffè –* schwören die Neapolitaner – gibt's an derselben Piazza *(Nr. 46)* im **INSIDER TIPP** ▶ *Caffè del Professore.* Im Sommer sitzt man in den Cafés im *Borgo Marinari* (U D6) *(📱 d6);* sehr chic das *Gran Caffè La Caffettiera* an der schönen *Piazza dei Martiri* (U C5) *(📱 c5)* in Chiaia *(tgl. 10–24 Uhr),* sehr trendy das *S'Move-Lab (Vico dei Sospiri 10/A | www.smove-lab. net* (U C5) *(📱 c5)):* Do–So legen DJs zum Aperitif House, Funk und Acid Jazz auf. Neapels berühmteste Konditoreien sind ● *Scaturchio (Piazza San Domenico Maggiore* (U D3) *(📱 d3))* und *Pintauro (Via Toledo 275* (U D4) *(📱 d4)).* Die Jugend trifft sich bis spätabends an den Eispavillons am Ufer von Mergellina (U A6) *(📱 a6),* vor allem im *Chalet Ciro (Mi geschl. | Via Caracciolo).*

AMICI MIEI (U D5) (📱 d5)

In dem einladenden Lokal trifft man sich nach dem Theater zu guten Fleischgerichten. *So-Abend und Mo geschl. | Via Monte di Dio 77 | Tel. 08 17 64 60 63 | www.ristoranteamicimiei.com | Busse R 2, R 3 | €€*

GEORGE'S ● 🍴 (U B5) (📱 b5)

Elegantes Restaurant im Grand Hotel Parker's mit atemraubender Aussicht. *Tgl. | Corso Vittorio Emanuele 135 | Tel. 08 17 61 24 74 | www.grandhotelparkers.it | Metro 2: Piazza Amedeo | €€€*

DA MICHELE ● (U E3) (📱 e3)

Pizzaklassiker an schlichten Marmortischen, dazu Bier und Cola. Abends Schlangen bis auf die Straße. *So geschl. | Via Cesare Sersale 1–2 | Tel. 08 15 53 92 04 | damichele.net | €*

RADICI (U C5) (📱 c5)

Stylish, kreative Küche, exzellente Whiskyauswahl. *So und mittags geschl. Rivi-*

Stilvolles Shoppen verheißt die
klassizistische Galleria Umberto I

era di Chiaia 268 | Tel. 08 12 48 11 00 |
www.ristoranteradici.it | Busse 140, R 3 |
€€–€€€

SBRESCIA ☆ (U A6) (*m a6*)

Oben im feinen Posillipo ein beliebtes
Fischrestaurant mit phantastischer

Aussicht auf den Golf. *Mo geschl. |
Rampe Sant'Antonio a Posillipo 109 | Tel.
0 81 66 91 40 | Metro 2: Mergellina | €€*

INSIDER TIPP ▶ LA STANZA DEL GUSTO ☺

(U D3) (*m d3*)

Eine der besten Regionalküchen der
Stadt, zwei Schritte von der Piazza Bel-
lini. Mittags serviert im Erdgeschoss die
Käsebar *Le Squisitezze* köstliche Slow-
Food-Kleinigkeiten gegen den kleinen
Hunger, dazu Wein auch gläserweise
und überraschend süffiges Bier aus einer
kampanischen Mikrobrauerei. *So-Abend
und Mo geschl. | Via Santa Maria di Cos-
tantinopoli 101 | Tel. 0 81 40 15 78 | www.
lastanzadelgusto.com | Metro 1: Museo |
€€–€€€*

TAVERNA DELL'ARTE (U E3) (*m e3*)

Im Univiertel: sehr beliebt, sehr einla-
dend. *Mittags und So geschl. | Rampa San
Giovanni Maggiore 1 a | Tel. 08 15 52 75 58 |
www.tavernadellarte.it | Bus R 2 | €–€€*

TERRAZZA CALABRITTO ☆

(U C6) (*m c6*)

In Chiaia mit Blick aufs Meer sitzt man
elegant bei reichem Gemüsebuffet,
hausgemachter Pasta und superfrischem
Fisch. Im EG Lounge-Bar. *Mo geschl. | Pi-
azza Vittoria 1 | Tel. 08 12 40 51 88 | www.
terrazzacalabritto.it | Busse 140, R 3 | €€*

HOSTERIA TOLEDO (U D4) (*m d4*)

Dem Trend zur Aufwertung der Quartieri Spagnoli folgt diese einladende
Trattoria mit guter neapolitanischer Kü-
che. *Di-Abend geschl. | Vico Giardinetto
a Toledo 78 a | Tel. 0 81 42 12 57 | www.
hosteriatoledo.it | Bus R 2 | €–€€*

EINKAUFEN

Ein touristischer Höhepunkt nicht nur
zur Weihnachtszeit sind die Krippen-

läden und -werkstätten an der *Via San Gregorio Armeno* (U E3) *(M e3)*. Die ganz edlen Modegeschäfte (alle (U C5) *(M c5)*) verteilen sich auf die *Via Chiaia, Via dei Mille, Via Calabritto, Piazza dei Martiri* in Chiaia-San Ferdinando. Elegantes finden Sie auch in der *Galleria Umberto I (Via Toledo/Via San Carlo* (U D5) *(M d5)*). Außerdem gibt es jede Menge Stadtteilmärkte mit Lebensmitteln, Haushaltswaren, Kleidung. Sehr ursprünglich ist der *Lebensmittelmarkt* an der *Piazza Pignasecca* (U D6) *(M d6)* im Montesanto-Viertel, Inbegriff eines neapolitanischen *mercato popolare* ist auch der *Fischmarkt* an der Porta Nolana (U F6) *(M f6)*.

Preiswerte Mode echt und falsch (Achtung, der Kauf gefälschter Markenartikel ist strafbar!) gibt es an den Marktständen des *Mercato Maddalena* (U F6) *(M f6)* in Bahnhofsnähe. Garantiert echt sind die Schirme von ● *Talarico (Vico Due Porte a Toledo 4/B* (U D4) *(M d4)* | www. mariotalarico.it)* in den Quartieri Spagnoli. Traditionellen und aktuellen Napoli-Sound zum Hierhören und Mitnehmen gibt es in der *Szene-Lounge Fonoteca (Mo geschl. | Via Raffaele Morghen 31 C/F* (U B4) *(M b4)* | Tel. 08 15 56 03 38 | www. fonoteca.net)* auf dem Vomero-Hügel, dem noblen Neapel. Dazu coole Drinks und jede Menge Ausgehtipps. Gut sortiert sind auch die vielen CD-Shops im *centro storico*.

FÄHREN

Die Schiffe (Tragflügelboote und Autofähren, *www.caremar.it, www.alilauro.it*) zu den Inseln und nach Sorrent starten vom *Porto Turistico Mergellina* (U A6) *(M a6)*, vom *Molo Beverello* (U D5) *(M d5)* beim Castel Nuovo und von Pozzuoli. Im Sommer verkehren Schnellboote *(www. metrodelmare.net)* zwischen Neapel

und den Orten an der Amalfi- und an der Cilentoküste. Infos und Fahrpläne in der Gratis-Broschüre „Qui Napoli" *(siehe S. 45)* und in den Tageszeitungen Il Mattino oder La Republica.

AM ABEND

Die warmen Abende begünstigen das Flanieren und Eisessen am Lungomare. Die Freaks sitzen auf der *Piazza San Domenico Maggiore* (U D3) *(M d3)* in der Altstadt; Touristen, Kreative und Alternative gehen zur lauschigen **INSIDER TIPP** *Piazza Bellini* (U D3) *(M d3)*. Eine Ausgehszene hat sich im Viertel Chiaia um die *Piazza dei Martiri* (U C5) *(M c5)* entwickelt, auf dem Vomero trifft man sich in der *Vintage Wine Bar (Via Bernini 37 a* (U B4) *(M b4)*) nahe der Piazza Vanvitelli. Ein exzellenter Klassiker unter den Musikclubs mit Livemusik ist *Up Stroke (Via Coroglio 128* (O) *(M O)* | *www.upstroke.it)* in Bagnoli. Sommerdiskos finden sich an den Stränden von Bacoli, Pozzuoli und Baia. Manche Restaurants bieten neapolitanische Livemusik, so am Wochenende die schöne **INSIDER TIPP** *Salone Margherita (Via Santa Brigida 65/66* (U D5) *(M d5)* | www. salonemargherita.net)*.

Ein erhebendes Erlebnis ist eine Oper, ein Konzert oder ein Ballett im prachtvollen *Teatro San Carlo (Karten tgl. 10–19 Uhr | Via San Carlo 98 f* (U D5) *(M d5)* | Tel. 08 17 97 24 12 | www.teatrosancarlo.it)*. Auch in manchen Kirchen und Palazzi werden klassische Konzerte gegeben, z. B. die **INSIDER TIPP** exzellenten Konzerte antiker neapolitanischer Musik des *Centro Musica Antica Pietà de' Turchini* in der Kirche *Santa Caterina da Siena (Via Santa Caterina da Siena 38* (U C5) *(M c5)* | Tel. 0 81 40 23 95 | www. turchini.it)*. Programminfos in der Tagespresse, z. B. in „Il Mattino".

ÜBERNACHTEN

Immer mehr Besitzer großer Altstadtwohnungen bieten **INSIDER TIPP** ▸ stilvolle Bed-&-Breakfast-Zimmer an (€–€€), eine gute Möglichkeit, die Stadt von einer persönlicheren Seite kennenzulernen. *www.hotel.portanapoli.com; www. bbnapoli.com; www.rentabed.it*

B & B CAPPELLA VECCHIA
(U C5) (m c5)

In Chiaia bei der Piazza dei Martiri sechs komfortable, moderne Zimmer, ofenwarme *sfogliatelle* zum Frühstück. *Vico Santa Maria a Cappella Vecchia 11 | Tel. 08 12 40 51 17 | www.cappellavecchia11.it | Bus 140, R 2, R 3 | €–€€*

INSIDER TIPP ▸ B & B CASA DEL MONACONE ☺ (U D2) (m d2)

Von engagierter Kulturinitiative betriebenes B & B in restauriertem Ex-Kloster neben der Chiesa S. Maria della Sanità, ein Beitrag zur sozialen Aufwertung des Problemviertels Sanità. Treff interessanter Menschen aus aller Welt. *7 Zi. | Via Sanità 124 | Tel. 08 17 44 37 14 | Tel. mobil 33 89 14 80 12 | www.casadelmonacone. it | Bus R 4, Ascensore della Sanità | €*

CHIAJA HOTEL DE CHARME
(U D5) (m d5)

In der ersten Etage eines Innenstadtpalazzos nahe der Piazza del Plebiscito und mit der Atmosphäre einer großen Nobelwohnung. *27 Zi. | Via Chiaia 216 | Tel. 0 81 41 55 55 | www.hotelchiaia.it | Bus R 2 | €€*

IL CONVENTO (U D4) (m d4)

Geschmackvolles, kleines Hotel in restauriertem Palais nahe der zentralen Via Toledo; kleiner Dachgarten. *14 Zi. | Via Speranzella 137 a | Tel. 0 81 40 39 77 | www. hotelilconvento.com | Bus R 2 | €€–€€€*

COSTANTINOPOLI 104 (U D3) (m d3)

Oase im Stadtchaos: reizendes Hotel in einer Villa mit verträumtem Garten und Pool nahe Piazza Bellini. *19 Zi. | Via Santa Maria di Costantinopoli 104 | Tel. 08 15 57 10 35 | www.costantinopoli104.com | Metro: Museo, Bus: E 1 | €€€*

HOSTEL OF THE SUN (U E4) (m e4)

Freundlich und sauber, mit Küche für Selbstversorger. Fünf 3-, 4- und 6-Bett-Zimmer, ein Doppelzimmer. *Via Melisurgo 15 | Tel. 08 14 20 63 93 | www. hostelnapoli.com | Busse C 25, R 2, R 3 | €*

NAPOLIT'AMO/PRINCIPE
NAPOLIT'AMO (U D4) (m d4)

Zwei Herbergen unter einer Leitung: das *Principe* im ersten Stock eines alten Stadtpalazzos *(13 Zi. | Via Toledo 148 | Bus R 2 | Tel. 08 15 52 36 26 | www. napolitamo.it | €),* das *Napolit'amo* nahe dem Rathaus *(17 Zi. | Via San Tommaso d'Aquino 15 | Tel. 08 14 97 71 10 | www. napolitamo.it | Bus R 2 | €–€€).*

PALAZZO ALABARDIERI (U C5) (m c5)

Neues, feines Hotel in altem Palazzo im eleganten Chiaiaviertel. *33 Zi. | Via Alabardieri 38 | Tel. 0 81 41 52 78 | www. palazzoalabardieri.it | Bus R 2 | €€€*

SAN FRANCESCO AL MONTE ⚘
(U C4) (m c4)

Herrlich am Hügel von San Martino gelegenes, stilvolles Komforthotel in einem Kloster aus dem 15. Jh. Phantastischer Blick. *45 Zi. | Corso Vittorio Emanuele 328 | Funicolare Centrale | Tel. 08 14 23 91 11 | www.sanfrancescoalmonte.it | €€€*

AUSKUNFT

STADT NEAPEL
Piazza del Gesù 7 | (U D3) (m d3), Tel. 08 15 51 27 01 | www.inaples.it; außer

dem: Touristeninformation der Stadt *(Osservatorio Turistico | Piazza del Plebiscito, unter den Kolonnaden | (U D5) (m d5) | Tel. 08 12 47 11 23)*. Überall erhalten Sie die Gratis-Informationsbroschüre „Qui Napoli" auf Italienisch/Englisch mit aktuellen Öffnungszeiten der Sehenswürdigkeiten, Ausstellungskalender, Fahrplänen der Fähren und Nahverkehrszüge.

Gebiets. Von Neapel aus sind sie gut mit der Metro oder der Bahn Ferrovia Cumana e Circumflegrea zu erreichen. Im chaotischen Siedlungsbild von *Pozzuoli* (83 000 Ew.) lassen sich eindrucksvolle Reste aus der Zeit ausmachen, als die Stadt als römischer Hafen diente: die Ruinen der gewaltigen römischen Marktanlage *Macellum,* an deren Säulen man

Komfortables Übernachten im Kloster: San Francesco al Monte Hotel

PROVINZ NEAPEL UND INSELN

Im Hauptbahnhof (U F3) *(m f3) | Tel. 08 12 68 7 79; Piazza dei Martiri 58* (U C5) *(m c5) | Tel. 0 8 14 05 3 11 | www eplnapoli.info*

ZIELE IN DER UMGEBUNG

CAMPI FLEGREI (PHLEGRÄISCHE FELDER) (128 B–C 4–5) *(m B–C4)*

Auch wenn die „brennenden Felder" rund 15 km westlich Neapels längst nicht mehr überall dampfen und zischen, veranschaulichen die Solfatara von Pozzuoli, Kraterseen, Ruinen und rissige Wohnhäuser die Unruhe im Erdinnern dieses die bradyseismischen Bewegungen, das Heben und Senken der Erde, ablesen kann. Außerdem das riesige *Anfiteatro Flavio (Mi–Mo 9 Uhr bis 1 Std. vor Sonnenuntergang)* von 79 n. Chr.

Wegen der Erdbewegungen musste 1970 die malerische, auf einem Felssporn vorgelagerte Altstadt Pozzuolis geräumt werden. Seither hat man hier im Rione Terra mit Ausgrabungen begonnen, die eine gut erhaltene römische Stadt zutage fördern, die Sie teils besichtigen dürfen *(2013 evtl. weg. Renovierung geschl. | www.rioneterra.it | Largo Sedile di Porto)*. Am östlichen Stadtrand liegt die ● *Solfatara (tgl. 8.30–1 Std. vor Sonnen-*

Im Amphitheater Santa Maria Capua Vetere: gut erhaltene Raubtiergruben

untergang | www.solfatara.it | Bus 152 aus Neapel), ein 770 m breiter, flacher Krater, noch postvulkanisch aktiv: heiße, blubbernde Schlammpfützen und Dampfquellen, die *fumarole,* aus denen Kohlen- und Schwefeldioxid entweichen. Bei der *Fumarola Bocca Grande* finden sich Reste römischer Thermalbäder. An manchen Stellen ist der Boden sehr heiß, man sollte sich an den vorgeschriebenen Umlauf halten. *Auskunft: Largo Matteotti 1 a | Tel. 08 15 26 66 39 | www.infocampiflegrei.it*

Die Küstenstraße gen Westen führt am 133 m hohen *Monte Nuovo* entlang. Auch der düstere *Lago d'Averno* ist ein Kratersee. Berg und See stehen unter Naturschutz und locken zum Wandern und Picknicken. Im Süden beginnt die Landspitze Miseno mit dem Fischerort *Baia,* in der Antike mondäner Badekurort, wovon die sehenswerten römischen *Thermalanlagen (Parco Archeologico di Baia | Via Sella di Baia 22 | Di–So 9 Uhr–1 Std. vor Sonnenuntergang)* zeugen. Am Strand standen die luxuriösen Badevillen der

römischen Patrizier, die längst im Meer versunken sind. Man kann Mauerreste und Mosaikfußböden auf dem Meeresgrund durch den durchsichtigen Rumpf des Ausflugsboots *Cymba (Abfahrten Sa/ So 10, 12, 15 Uhr | 10 Euro | Anmeldung am Infopoint im Hafen von Baia | Tel. 34 94 97 41 83 | www.baiasommersa.it)* bewundern. Von der Theorie zur Praxis: Im Thermalbad ● *Stufe di Nerone (Mo, Mi, Sa 8–20, Di, Do, Fr 8–23, So 8–15 Uhr | Via Terme Stufe di Nerone 37 | www. termestufedinerone.it)* entspannen Sie in antiken Dampfgrotten und mit frisch gepressten Zitrussäften im ruhigen Zitronengarten. Im *Kastell* (16. Jh.) von Baia, auf einer römischen Kaiservilla errichtet, sind Fundstücke aus den Villen und Thermen ausgestellt, Statuen, die man auf dem Meeresboden fand *(Di–So 9–14.30 Uhr | museoarcheologicocam piflegrei.campaniabeniculturali.it).*

Im Rücken Baias dehnt sich der von Kanälen aus dem Meer gespeiste *Lago del Fusaro* aus, auf dem der berühmte

Architekt Luigi Vanvitelli das Jagdschlösschen *Casina del Fusaro* bauen ließ *(Park tgl. 8–20, Casina Mo–Mi 8.30–13.30 Uhr)*. In *Bacoli* weiter südlich lohnt die gewaltige *Piscina Mirabilis (tgl. 9 Uhr–1 Std. vor Sonnenuntergang | Wärterin um Einlass bitten | Trinkgeld)* eine Besichtigung, die größte erhaltene Zisterne der Antike, die 12 000 m³ Wasser fasste. Zurück nach Norden, der Halbinsel von *Capo Miseno* (Strände) den Rücken zukehrend, gelangen Sie nach ⭐ *Cuma,* dem griechischen Kyme (8. Jh. v. Chr.), erste Festlandsiedlung der Griechen, heute eine romantische, hübsch über dem Meer gelegene 🔆 Ruinenlandschaft mit der sagenumwobenen Orakelgrotte der Sibylle (6. Jh. v. Chr.). Zur Anlage gehören Reste eines Amphitheaters, ein eindrucksvoller Wehrtunnel und eine Akropolis *(tgl. 9 Uhr–2 Std. vor Sonnenuntergang).*

CAPUA/SANTA MARIA CAPUA VETERE
(128–129 C–D2) (🗺 C–D2)

In dem 33 km nördlich von Neapel gelegenen Städtchen Capua (18 000 Ew.) ist der Besuch des *Museo Campano (Di–Sa 9–13.30, So 9–13 Uhr | Via Roma | www.provincia.caserta.it/museocampano)* im schönen Palazzo Antignano (15. Jh.) ein Muss: wegen seines reichen Bestands an Fundstücken und Kunstwerken aus der Antike, vor allem aber wegen seiner einzigartigen INSIDER TIPP Sammlung großer Votivstatuen aus Tuffstein: Mütter mit Wickelkindern im Arm (7.–1. Jh. v. Chr.) aus dem 1870 ausgegrabenen italischen Fruchtbarkeitsheiligtum der Mater Matuta. Zu sehen sind außerdem die eindrucksvollen Statuen des einst vom Stauferkaiser Friedrich II. erbauten Stadttors von Capua. 6 km nordöstlich erhebt sich die 🔆 *Basilika Sant'Angelo in Formis (tgl. 9.30–12.30 u. 15.30–19 Uhr | www.diocesidicapua.it)* von 1073. Ihr Inneres ist mit INSIDER TIPP mittelalterlichen, gut erhaltenen Fresken

großartig ausgemalt. Danach geht es weiter zum enormen römischen *Amphitheater* von *Santa Maria Capua Vetere (Di–So 9 Uhr–1 Std. vor Sonnenuntergang)* mit dem *Museo dei Gladiatori,* das die grausamen Kampfspiele auch akustisch erfahrbar macht. Im antiken Capua befand sich die berühmteste Gladiatorenschule, in der auch Spartakus sein Handwerk lernte.

HERCULANEUM & POMPEJI

Mehr als 2 Mio. Menschen besuchen alljährlich Pompeji, und jedes Jahr werden es mehr – auch in Herculaneum. Ein Ansturm, den die beiden fragilen Ruinenstädte kaum verkraften, und auch mit der Restaurierung kommt man kaum noch hinterher.

Dabei liegt der Reiz von Pompeji und Herculaneum gerade in ihrer phantastischen Erhaltung, durch die sie wie keine andere Stätte des Altertums das Alltagsleben der antiken Vorfahren konkret veranschaulichen. Ein Leben, das immerhin 2000 Jahre zurückliegt und uns andernorts meist nur durch Gräber und ihre kostbaren Beigaben sowie Ruinen von Repräsentativbauten zugänglich ist. Hier hingegen läuft man über die intakten Straßen und Gassen, die das Gelände schachbrettartig durchziehen, gesäumt von Läden, Werkstätten, Backstuben, Wohnhäusern. Gepflastert sind die Straßen mit Lavasteinplatten, in die die Wagen der alten Römer tiefe Rillen gegraben haben. Da und dort brechen aus den hohen Bürgersteigen die Bleirohre der antiken Wasserleitung hervor. Stuckdekorationen, Wandbemalungen und Reste von Mosaikfußböden zeugen von ausgeprägtem Schönheitssinn. Die Leuchtkraft des berühmten Rots von Pompeji wird der Tatsache zugeschrieben, dass man dem mit einer Kalk- und Seifenlösung vermischten Pigment Wachs beifügte und die Malerei an der Wand mit Poliersteinen glättete.

Zum antiken Alltag gehört auch die Freizeitgestaltung: Neben einigen Theatern

Bild: Lavaweg auf den Vesuv

Im Schatten des Vesuvs: handfeste Zeugnisse römischen Lebens und Villen aus zwei Jahrtausenden

und dem riesigen Amphitheater zeugen davon vor allem die Sportplätze, die große *palaestra,* in der die jungen Männer Sport trieben, die öffentlichen Bäder, die Thermen, aber auch die Bordelle, die *lupanare.*

Der Ausbruch des Vulkans begann – nach jahrhundertlanger Ruhe – am 24. August 79 n. Chr. mit heftigen Erdstößen. Explosionsartig brach der Gipfel des Bergs auf, gewaltige dunkle Rauchwolken senkten sich nieder, und in schnell aufeinanderfolgenden Eruptionen prasselten glühend heiße Asche, Gesteinsbrocken und *lapilli,* zu Bimsstein gehärtete Lavateilchen, auf die über 10 km entfernt liegenden Städte nieder.

Zwei Tage lang herrschte totale Finsternis, bis sich am dritten Tag ein fahles, blasses Licht durch die aschige Wolkenluft kämpfte und der Himmel wieder aufklarte. Bilanz: Herculaneum war unter einer 20 m hohen Lavaschlammschicht begraben, Pompeji bedeckten 7 m Asche und Bimsstein. Die Zahl der Toten lässt sich kaum genau rekonstruieren, man schätzt sie auf rund 2000. Die üppige Landschaft voller Felder und Weingärten, deren fruchtbare Lavaerde dem Vulkan zu verdanken war, hatte derselbe Vulkan in eine Wüste verwandelt. Begraben und ausgelöscht wurde auch das antike Stabiae, mit dem die Halbinsel von Sorrent beginnt.

Der Vesuv und die Campi Flegrei stehen heute unter ständiger Beobachtung. Beim momentanen Stand der Forschung lassen sich jedoch weder Erdbeben noch Vulkanausbrüche mit Sicherheit vorhersagen. Auch der Katastrophenschutz interessiert sich für den Ausbruch von 79 n. Chr., liefert das Ereignis doch Anschauungsmaterial, wenn die Folgen eines Vulkanausbruchs simuliert werden. Beachten Sie, dass die Nummerierung auf den Plänen auf den Seiten 50 und 54 nur der Identifizierung der Häuser anhand der Karten dient; sie entspricht nicht der Nummerierung der Objekte vor Ort. *3-Tage-Sammelticket für Pompeji, Herculaneum, Villa Oplontis, Stabia, Boscoreale 20 Euro, EU-Bürger unter 18 und über 65 gratis, 18–25 Jahre 10 Euro*

ERCOLANO (HERCULANE-UM)

(130 B3) (*D4*) ⭐ **Zur Zeit des Ausbruchs lebten rund 5000 Menschen im antiken Herculaneum, das weniger ein geschäftiges Industriezentrum wie Pompeji als vielmehr der gepflegte Wohnsitz von Bürgern und Patriziern war und damals noch direkt am Meer lag.**

Der 20 m hohe Lavaschlamm, der sich um jede Häuserwand, in jede Fugenrit-

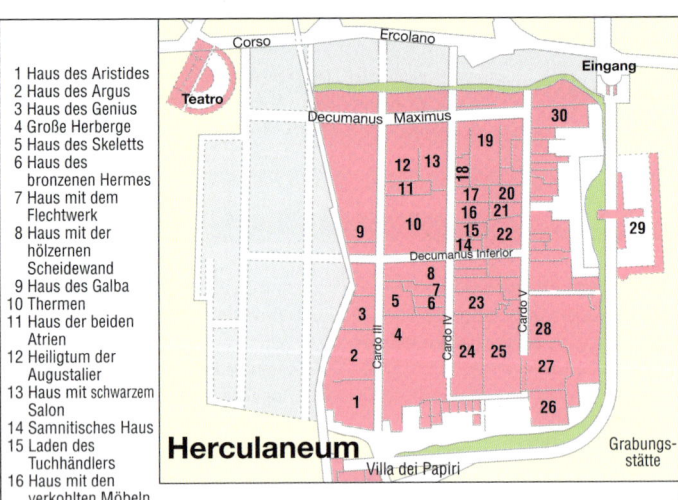

1 Haus des Aristides
2 Haus des Argus
3 Haus des Genius
4 Große Herberge
5 Haus des Skeletts
6 Haus des bronzenen Hermes
7 Haus mit dem Flechtwerk
8 Haus mit der hölzernen Scheidewand
9 Haus des Galba
10 Thermen
11 Haus der beiden Atrien
12 Heiligtum der Augustalier
13 Haus mit schwarzem Salon
14 Samnitisches Haus
15 Laden des Tuchhändlers
16 Haus mit den verkohlten Möbeln
17 Haus des Mosaiks von Neptun und Amphitrite
18 Haus mit den schönen Hof
19 Haus der Zweihundertjahrfeier
20 Haus mit dem korinthischen Atrium
21 Haus mit dem Heiligtum aus Holz
22 Haus mit dem großen Portal
23 Haus mit dem Alkoven
24 Haus mit dem Mosaik-Atrium
25 Haus der Hirsche
26 Stadtrandthermen
27 Haus mit der Gemme
28 Haus mit dem Telephos-Relief
29 Palaestra
30 Aula superiore

Das antike Herculaneum liegt unmittelbar unterhalb der heutigen Stadt Ercolano

ze gelegt hatte, versteinerte und zementierte die Stadt regelrecht ein, was auch ihre gute Konservierung erklärt, die noch viel besser ist als die von Pompeji: Hier haben sogar Möbel, Dachgebälk, Türen (siehe Haus Nr. 8 mit der Schiebetür) und Fachwerk aus Holz die Jahrtausende überstehen können. Heute allerdings ist das ein riesiges Problem, denn durch die Ausgrabungen wird das alte, ans Licht geholte Material nun durch Sauerstoff und Witterung ausgesetzt – und damit beginnt sein Verfall. Mit modernen Methoden und gesundem Menschenverstand – Falken als Taubenschreck, Restaurierung der antiken Kanalisation – gelingt es dem *Herculaneum Conservation Project (www. herculaneum.org)*, der schleichenden Zerstörung Einhalt zu gebieten.

Über die Jahrhunderte vergaß man die im Lavagestein eingeschlossene Stadt, ein Tuffblock, auf dem sich im Mittelalter der Ort *Resina,* heute *Ercolano* genannt, entwickelte. Nach ersten Buddelversuchen unter Bourbonenkönig Karl III. be-

gann man 1827, die Steinschichten abzutragen und ganze Häuser auszugraben,

★ **Ercolano**
Phantastisch erhalten: antike Ruinen, Fresken und Mosaiken
→ S. 50

★ **Villa dei Misteri**
Was trieben die melancholischen Mädchen in der Villa der Geheimnisse in Pompeji?
→ S. 54

★ **Villa Oplontis**
In Torre Annunziata steht die vielleicht prächtigste Villa der römischen Kaiserzeit → S. 57

★ **Villa Campolieto**
Luxuriöse Aristokratenvilla des 18. Jhs. unter dem rauchenden Vesuv → S. 57

MARCO POLO HIGHLIGHTS

das antike Herculaneum mitten unterhalb des heutigen Ercolano, die nunmehr halb abgerissenen Häuser, die die antike Stadt von oben säumen, wirken wie eine zweite Ruinenschicht. Von der langen, rampenartigen 🌿 Allee, die hinunter in die antike Stadt führt, hat man einen guten Überblick.

Apollo in Pompeji: Da geht's lang!

SEHENSWERTES

AUSGRABUNGEN

Durch die alte Stadtanlage zieht sich ein Straßenraster, bestehend aus drei schmalen Gassen, die von Süd nach Nord verlaufen, auf der Karte Cardo III, IV und V genannt, die wiederum von zwei breiteren Hauptstraßen gequert werden, dem *Decumanus Maximus* und dem *Decumanus Inferior*. An diesen holprig gepflasterten Straßen liegen mehrere Dutzend Häuser. Zu den besonders sehenswerten Gebäuden gehört die aufwendige Villenanlage *Casa dei Cervi* (Haus der Hirsche am Cardo V, Kartennr. 25). Am südlichen Ende des Cardo V befinden sich auch die *Terme Suburbane* (Kartennr. 26), mit ihren Thermalanlagen, Wanddekorationen und Fußbodenmosaiken ganz besonders interessant. Am Cardo IV liegen die Häuser, in denen wundersamerweise noch einige Holzeinrichtungen erhalten sind, das *Haus Nr. 8* mit einer Trennwand aus Holz sowie das *Haus Nr. 16* mit verkohlten Möbeln.

doch richtig wissenschaftlich wurde erst 100 Jahre später vorgegangen. Das hatte zur Folge, dass man die Häuser über der antiken Stadt zerstören musste, wogegen ihre Bewohner erbitterten Widerstand leisteten, der bis heute andauert, denn mindestens ein Drittel der antiken Stadt dient noch immer als Fundament der neuen. Im Gegensatz zu Pompeji nämlich, das sich auf flacher Ebene außerhalb der Neusiedlung ausdehnt, liegt

Wer die mühsame Anmeldung nicht scheut, kann einen weiteren Höhepunkt besichtigen, die **INSIDER TIPP** *Villa dei Papiri* (2013 evtl. geschl. | nach Neueröffnung: Sa/So 9–12 Uhr mit Voranmeldung via Internet | www.arethusa.net). Berühmt wurde sie wegen ihres Skulpturenschmucks (heute im Nationalmuseum in Neapel) und weil man in ihr 1800 griechische Papyrusrollen fand (heute in der Nationalbibliothek). Nov.–März tgl. 8.30–17,

April–Okt. 8.30–19.30 Uhr | 11 Euro | Corso Resina | www.pompeiisites.org

ESSEN & TRINKEN

VIVA LO RE ☺

Edle Slow-Food-Osteria in einem Nebengebäude der Villa Campolieto mit stilvollen Gästezimmern. *So-Abend und Mo geschl. | Corso Resina 261 | Tel. 08 17 39 02 07 | www.vivalore.it | €€*

ÜBERNACHTEN

INSIDER TIPP ▶ FABRIC HOSTEL & CLUB ●

So sieht die neue Generation „Jugendherberge" am Golf von Neapel aus: Top-Standard, kleine Schlafsäle und auch Doppelzimmer, Restaurant, cooler Musikklub und keine Altersbeschränkung. In den Räumen einer ehemaligen Weberei im Nachbarort Portici, 10 Gehminuten von der Circumvesuviana-Station „Portici-Via Libertà". *Via Bellucci Sessa 22 | Tel. 08 17 76 58 74 | www.fabrichostel.com | €*

POMPEI (POMPEJI)

(130 C4) *(⌘ E–F5)* **In Pompeji trifft sich die halbe Welt, doch das antike Stadtgebiet ist weitläufig und früh in den ersten Morgenstunden noch einigermaßen leer.**

Unter dem Asche- und Bimssteinregen 79 n. Chr. wurde eine große, schön damals sehr alte Stadt begraben. Die Pompejaner produzierten und handelten mit Wein, Öl, Oliven, Weizen, Stoffen, Wolle, Ziegeln und vielem mehr. Das heutige Pompeji (25 000 Ew.) entstand vornehmlich zur Zeit der ersten Ausgrabungen – vor allem um die Wallfahrtskirche *Santuario della Madonna del Rosario* von 1876 auf der großen Piazza herum, eine bedeutende Glaubensstätte (eindrucksvolle Gemeinschaftsgebete am 8. Mai und am ersten Oktobersonntag).

SEHENSWERTES

AUSGRABUNGEN

Man betritt die Ruinenstadt durch die *Porta Marina.* Doch vorher lockt der Besuch der *Terme Suburbane* außerhalb der Stadtmauern. Die luxuriöse Badeanlage verfügte über einen eigenen Anlegesteg. Die Wände im Inneren überziehen raffinierte Stuckdekorationen, die Umkleidekabinen markieren als „Merkhilfen" erotische Darstellungen. Anschließend gelangt man in das Viertel mit den öffentlichen Gebäuden und Plätzen: dem *Tempel der Venus* und des *Apollon,* der großen, dreischiffigen *Basilika,* dem Versammlungsraum und Gerichtssitz sowie dem weitläufigen *Forum,* an dem Tempel und Märkte liegen.

Weiter geht es in die *Via dell'Abbondanza,* die antike Hauptgeschäftsstraße *Decumanus Maximus,* mit ihren Wohnhäusern und Geschäften, mit den großen öffentlichen Bädern *Terme Stabiane* (es gibt noch zwei weitere Bäder), vor denen eine kleine Gasse links zu den Freudenhäusern *lupanare* führt. Rechts der Hauptstraße geht es ins Theaterviertel mit kleinem und großem *Theater,* der *Gladiatorenkaserne* und außerdem dem *Isistempel,* dessen zauberhafte, fast intakte Wandbemalungen im Nationalmuseum in Neapel zu bestaunen sind. Die Via dell'Abbondanza führt bis zum anderen Stadtende, der *Porta di Sarno,* vorbei an der Wollwäscherei und -färberei *Stephani* zum großen Sportplatz *palaestra* und zum riesigen *Amphitheater* mit seinen 20000 Plätzen.

Vor dem Sportplatz geht es rechts zu den antiken Weingärten der Pompejaner,

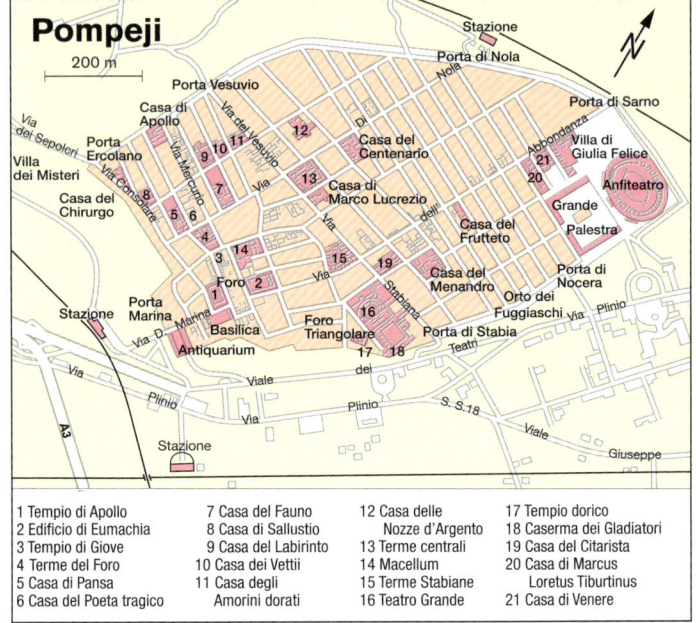

Pompeji

200 m

Stazione
Porta di Nola
Porta Vesuvio
Nola
Porta di Sarno
Casa di Apollo
Via dei Sepolcri
Porta Ercolano
Villa dei Misteri
Via Consolare
Via del Vesuvio
Via Mercurio
9 10 11 12
Casa del Centenario
Villa di Giulia Felice
Abbondanza
21 20
Anfiteatro
13
Casa del Chirurgo
7
8
5 6
4
3 14
Casa di Marco Lucrezio
Via dell
Casa del Frutteto
Grande Palestra
Porta Marina
Foro
1
2
15 19
Casa del Menandro
Porta di Nocera
Stazione
Porta Marina
Via D. Marine
Basilica
Antiquarium
Foro Triangolare
Via
16
Stabiana
Orto dei Fuggiaschi
Plinio
Via
Plinio
17 18
Porta di Stabia
Teatri
Viale
dei
Via
Plinio
S. S. 18
Viale
A3
Stazione
Giuseppe

1 Tempio di Apollo	7 Casa del Fauno	12 Casa delle Nozze d'Argento	17 Tempio dorico
2 Edificio di Eumachia	8 Casa di Sallustio	13 Terme centrali	18 Caserma dei Gladiatori
3 Tempio di Giove	9 Casa del Labirinto	14 Macellum	19 Casa del Citarista
4 Terme del Foro	10 Casa dei Vettii	15 Terme Stabiane	20 Casa di Marcus Loretus Tiburtinus
5 Casa di Pansa	11 Casa degli Amorini dorati	16 Teatro Grande	21 Casa di Venere
6 Casa del Poeta tragico			

von denen einige wieder neu gepflanzt wurden. In einem der Gärten, dem **INSIDER TIPP** *orto dei fuggiaschi*, stößt man auf eine Glasvitrine, die die Gipsformen auf ihrer Flucht vom Aschenregen getöteter Menschen enthält, Männer, Frauen, Kinder in anrührender, Hilfe suchender Pose.

Im Südwestteil der Stadt gibt es die größte Anzahl an prächtigen Privatvillen, allen voran die große *Casa del Fauno* (die Originalstatue des tanzenden Fauns steht im Museum in Neapel) und die *Casa dei Vettii*. Für einige sehenswerte Gebäude muss man sich – ohne Aufpreis – online anmelden unter *www.arethusa.net (Tel. 08 18 57 53 47)*. Das betrifft u. a. die *Casa del Principe di Napoli* und die *Terme Suburbane*.

Ein lauschiger Spaziergang an den Mauern um Pompeji entlang, die

INSIDER TIPP *Passeggiata fuori le Mura*, ermöglicht einen tollen Blick auf die Ruinenstadt.

Absolut sehenswert ist die ★ *Villa dei Misteri* etwas außerhalb des Areals im Südwesten. Da der Weg durch die Via dei Sepolcri mit ihren Grabmälern immer wieder geschlossen ist, gelangt man am besten von außen über die Straße zur Villa. Es braucht keine neue Eintrittskarte gelöst zu werden. Die schöne Landvilla im Grünen aus dem 2. Jh. v. Chr. hat ihr Geheimnis immer noch nicht preisgegeben: Was bedeutet das eigentümliche Treiben der Menschen, vor allem Frauen, ihre angespannte Stimmung auf den wunderbaren Fresken im Innern der Villa? Man vermutet die Vorbereitung auf ein dionysisches Initiationsritual.

Zur Schonung der Bodenmosaike und Fresken sind die Häuser nur in abwechselndem Turnus zugänglich. Hilfreich sind Audioguides bzw. Gratispläne mit Erklärungen, erhältlich am Eingang Piazza Porta Marina. *Nov.–März tgl. 8.30–17, April–Okt. 8.30–19.30 Uhr | 11 Euro | www.pompeiisites.org*

ESSEN & TRINKEN

DA ANDREA
Hotelrestaurant mit großer Terrasse nahe der Ausgrabungsstätte, auch Pizza. *Tgl. | Via Plinio 52 | Tel. 08 15 36 34 98 | www.mecpompei.com | €–€€*

IL PRINCIPE
Von der römischen Antike inspirierte Küche im Zentrum des modernen Pompeji. Leckere Kleinigkeiten in der Wine-Bar. *Im Winter So-Abend und Mo geschl. | Piazza Bartolo Longo 1 | Tel. 08 18 50 55 66 | www.ilprincipe.com | €€€*

ÜBERNACHTEN

HOTEL FORUM
35 hübsche Zimmer gleich bei den Ausgrabungen. *Via Roma 99 | Tel. 08 18 50 11 70 | www.hotelforum.it | €–€€*

AUSKUNFT

Via Sacra 1 und Piazza Porta Marina Inferiore 11 | Tel. 08 18 50 72 55 | www.pompeiisites.org, www.pompeiturismo.it

ZIELE IN DER UMGEBUNG

BOSCOREALE (130 C3) (ﬂ E4)
Ein **INSIDER TIPP** *Antiquarium* mit interessanten Fundstücken und Rekonstruktionen zur antiken Landwirtschaft, dazu die Ruinen eines römischen Landguts, ca. 3 km von Pompeji. *Nov.–März tgl. 8.30–17, April–Okt. 8.30–19.30 Uhr |*

Sammelticket Oplontis, Stabia, Boscoreale 5,50 Euro | Via Sette Termini 15

CASTELLAMMARE DI STABIA
(130 C4) (ﬂ E5)
Die Betonmoderne hat das 6 km entfernte Städtchen, schon in der Antike ein Thermalbad, umwuchert. Ein

Villa dei Misteri: geheimnisvolles Treiben melancholischer Mädchen

Marsch auf den Vulkan: Der Vesuvaufstieg erfolgt über einen Weg aus Lavaschotter

🌿 Spaziergang *(Passeggiata Archeologica)* führt oberhalb des Orts zu den Ruinen von zwei herrlich gelegenen römischen Patriziervillen. *Nov.–März tgl. 8.30–17, April–Okt. 8.30–19.30 Uhr | Sammelticket Oplontis, Stabia, Boscoreale 5,50 Euro*

VESUVIO (VESUV)

(130 B–C3) *(∅ E4)* **Auf das Konto des mit 12 000 Jahren noch jungen Vulkans gehen so verheerende Ausbrüche wie der von 79 n. Chr., der Pompeji, Herculaneum und Stabiae begrub, oder der von 1631, der rund um den Vulkan zahlreiche Ortschaften zerstörte – fast 4000 Menschen kamen dabei ums Leben.**

Schlimm waren auch die Ausbrüche von 1906 und 1944. Heute raucht er kaum noch, doch unter dem 3 km tiefen Pfropfen aus verhärteter Lava, der den Schlund verstopft, brodelt in 5–7 km Tiefe das Magma. Die Aufspaltung in die heutigen zwei Gipfel, den vormaligen Monte Somma und den neuen Krater (1281 m), geschah beim Ausbruch von 79 n. Chr. Dass trotz seiner Gefährlichkeit die unmittelbare Umgebung so dicht besiedelt ist, liegt an der unglaublich fruchtbaren, lavagefütterten Erde. Rund 600 000 Menschen leben in den Gemeinden am Fuß des Vulkans.

An den 🌿 Krater gelangen Sie am bequemsten über die Straße von Ercolano aus, sie führt hinauf bis zu einem Parkplatz. Von hier sind es noch 25 Minuten zu Fuß über Lavaschotter mit Hilfe von Stützstöcken, die man mieten kann. Am Gipfel stehen Andenkenbuden und die Kasse, denn zum Kraterrand kommt man nur mit *Führung (tgl. 9 Uhr–2 Std. vor Sonnenuntergang | 8 Euro | www.vesuviopark.it)*.

Aus dem Schotter im Schlund sieht man vereinzelt Dampffahnen aufsteigen. Der Blick von hier oben ist überwältigend, doch empfiehlt sich der Aufstieg nur bei gutem, ruhigem Wetter. Der Vesuv ist heute ein Nationalpark mit gut 50 km ausgeschilderten Wanderwegen *(www.parconazionaledelvesuvio.it).* An der Straße von Herculaneum auf den Vesuv liegt auch die seismologische Beobachtungsstation von 1841, das *Osservatorio Storico Vesuviano,* mit einer historischen Ausstellung *(Museo Vulcanologico | Sa/So 10–14 Uhr | www.ov.ingv.it).*

ZIELE IN DER UMGEBUNG

VILLA OPLONTIS ⭐ (130 C4) *(📖 E5)*

Mitten in *Torre Annunziata,* einem dieser etwas schäbigen Städtchen längs der Golfküste, liegt die wohl schönste Villa aus römischer Zeit, die durch den Vesuvausbruch 79 n. Chr. verschüttet wurde. Man muss sich vorstellen, dass dieser prächtige Landsitz mit seinen leuchtend ausgemalten Zimmern, den Innenhöfen, Bädern, Schwimmbecken und Gärten einst mit unverstelltem Blick aufs Meer inmitten üppiger, grüner Landschaft lag. Bislang sind knapp zwei Drittel ausgegraben. Die Anmut dieser gut erhaltenen Villa – einst soll sie Poppea, der Frau Neros, gehört haben – und die wenigen Touristen machen den Besuch zu einem Erlebnis. *Nov.–März tgl. 8.30–17, April–Okt. 8.30–19.30 Uhr | Sammelticket Oplontis, Stabia, Boscoreale 5,50 Euro*

VILLE VESUVIANE (130 B3) *(📖 D–E4)*

Was die römischen Patrizier getan hatten, gefiel auch der Aristokratie des Neapolitanischen Königreichs im 18. Jh.: sich in der lieblichen Landschaft mit Blick auf den Golf und dem spektakulär prustenden Vulkan im Rücken luxuriöse Landvillen zu bauen. Karl III. ließ sich 1738 in *Portici* seine Landresidenz *Palazzo Reale* mit riesigen Parkanlagen und Jagdgründen errichten. Hunderte von Villen entstanden zwischen Portici und Herculaneum, man nannte die Strecke *Miglio d'Oro.* Von „Goldener Meile" kann heute wahrlich nicht mehr die Rede sein. Rund 120 Villen sind übrig geblieben, verwahrlost und eingekeilt im modernen, schäbigen Siedlungschaos. Eininge können Sie besichtigen, so in Herculaneum die vorbildlich restaurierte ⭐ 🌿 *Villa Campolieto (Corso Resina 283).* Der elegante, ellipsenförmige Belvedere-Portikus stammt vom Stararchitekten Luigi Vanvitelli. Außerdem zu besichtigen sind die beiden nahe gelegenen Villen *Villa Petti Ruggiero (Via A. Rossi 40)* und *Villa Favorita (Via D'Annunzio): alle Di–So 10–13 Uhr.* Im Juli werden in den Villen Konzerte und Tanz aufgeführt. *www.villevesuviane.net*

LOW BUDGET

▶ Preiswert (ca. 3 Euro) und schnell (ca. 30 Minuten) nach Pompeji gelangen Sie mit dem Nahverkehrszug *Circumvesuviana (www.vesuviana.it),* der zwischen Neapel und Sorrent pendelt. Der Zug hält auch in Ercolano und Torre Annunziata.

▶ Die Not der Nachkriegszeit und neapolitanisches Improvisationsgeschick waren die Geburtshelfer des *Mercato di Resina (www.mercatodiresina.com),* eines Gebrauchtkleidermarkts, der immer noch ganzjährig Tag für Tag, vor allem aber am Sonntagvormittag Schnäppchenjäger aus aller Welt, Trashdesigner, Theater- und Filmausstatter nach Ercolano lockt.

CAPRI, ISCHIA, PROCIDA

Jede der drei Inseln im Golf birgt eine Welt für sich, jede hat ihre ganz eigene „Kundschaft". Im Sommer und an den Wochenenden überschwemmen Abertausende von Tagestouristen vor allem Capri.

Man bewegt sich zu Fuß, mit Bussen, auf Ischia und Procida mit kleinen, knatternden Dreiradtaxis, auf Capri schnurren Elektrogepäckwägelchen durch die Gassen. In der MARCO POLO Reihe finden Sie für Capri wie für Ischia jeweils einen eigenen Band.

CAPRI

(130 A6) (∅ C–D 6–7) ⭐ Ein gerade 10 km² großer Felsblock aus hellem Kalkgestein vor der äußersten Landspitze der Sorrentinischen Halbinsel.

Zwei Orte liegen auf Hochplateaus, der Hauptort *Capri* mit seinen verwinkelten weißen Gässchen, den feinen Boutiquen, edlen Hotels und dem Hafen Marina Grande, wo die Fährschiffe anlegen; der zweite ist *Anacapri*, größer, verstreuter gelegen, ruhiger und nicht so mondän, schließlich schwieriger zu erreichen und damit weniger der Invasion der Tagesausflügler ausgesetzt. Schon die Römer bauten auf der Insel ihre Sommervillen, vom Reiz der Blumenmacchia, der Weitblicke, der bizarren Felsformationen wie der *Faraglioni* und des *Arco Naturale* verzaubert, aber auch von der Farbmagie der *Grotta Azzurra,* der Blauen Grotte.

Bild: Corricella auf Procida

Drei Perlen: Mondänes Leben auf der Piazzetta von Capri, heilsame Quellen auf Ischia, Idyll unter Zitronenbäumen auf Procida

SEHENSWERTES

ANACAPRI

Im dörflichen Anacapri (6700 Ew.) sollten Sie die Kirche ⭐ San Michele (März–Okt. tgl. 9–19, Nov.–Dez. 10–16 Uhr, Jan./Feb. geschl. | www.chiesa-san-michele.com | Eintritt 2 Euro) mit ihrem wunderschönen Majolikaboden aufsuchen. In farbenprächtigen Details wird die Vertreibung von Adam und Eva aus dem Paradies geschildert. In traumhafter Panoramalage erhebt sich die 1896 erbaute Sommervilla (Mai–Sept. tgl. 9–18, März, April und Okt. 9–17, Nov.–Feb. 9–15.30 Uhr | Via Capodimonte | www.sanmichele.eu) des schwedischen Arzts und Schriftstellers Axel Munthe; heute ist sie auch Schauplatz sommerlicher Konzerte. Eine Einkaufsgasse führt zur Villa.

Spaziergänge führen auf den Monte Solaro (589 m), auch mit dem Sessellift zu erreichen, zur mittelalterlichen Einsiedelei **INSIDER TIPP** *Santa Maria a Cetrella*, einem Marienheiligtum, oder zum *Belvedere della Migliara* über steiler

Erleben Sie ein blaues Wunder: Kahnpartie in der Grotta Azzurra

Felsküste. Hier gibt es schmackhafte Landküche, fünf hübsche Zimmer und einen Pool bei *Da Gelsomina alla Migliara (im Winter Di geschl. | Tel. 08 18 37 14 99 | www.dagelsomina.com | €€).*

Baden und gut essen können Sie z. B. in der Badeanstalt *Lido del Faro (www.lidofaro.com)* in einer Felsenbucht beim Leuchtturm an der *Punta Carena,* dem Südwestzipfel (zu Fuß oder mit Pendelbus), oder in der besonders feinen Badeanstalt *Lido Nettuno* neben der Blauen Grotte. Gegenüber, in *Marina Piccola* (dank der Südlage sonniger als Marina Grande), liegen auf Felsplatten und ein paar Flecken Sand einige exklusive Strandbäder.

CAPRI

Vom Hafenörtchen *Marina Grande* – mit seinen Piers für die Fährschiffe, für Ausflugsboote und Yachten, mit ein paar Cafés, Restaurants und einem schmalen Sandstrandstreifen – geht es zu Fuß über eine Treppengasse hinauf in den Kern von Capri (7300 Ew.) oder mit der schnellen Standseilbahn (hier Gepäckaufbewahrung für Tagesausflügler).

Ortsmittelpunkt ist die berühmte *Piazzetta* (Piazza Umberto I) voll hübscher, teurer Cafés. Tagsüber drängen sich hier die Tagesausflügler, abends wird sie zum charmanten Treffpunkt der Dauergäste, des Jetsets und der Einheimischen. Im verwinkelten Ort besticht die Mischung aus mediterranem Gassengewirr und eleganten Hotels, Lokalen und Geschäften, vor allem in der *Via Camerelle* mit ihren edlen Boutiquen und Schmuckläden. Einkaufstipp: die Zitronenparfums von *Carthusia – Profumi di Capri (Viale Parco Augusto 2 | www.carthusia.it),* einer alteingesessenen Duftfabrik.

Zu den Sehenswürdigkeiten gehört das *Kartäuserkloster San Giacomo,* eine eindrucksvolle Klosteranlage aus dem 14. Jh., die heute für Kulturveranstaltungen genutzt wird. Die Kartause, die im 16. Jh. ihre heutige Gestalt erhielt, erhebt sich auf den Resten einer der zwölf Villen des Kaisers Tiberius. Im Refektorium zeigt eine Dauerausstellung *(Di–So 9–14 Uhr | Piazzetta Certosa San Giacomo |*

www.capricertosa.com) die gewaltigen Gemälde des Münchner Malers Karl Wilhelm Diefenbach, außerdem vier römische Statuen, die aus der Blauen Grotte gefischt wurden. Beim ❄ Panoramagarten *Giardini di Augusto* beginnt die berühmte ❄ *Via Krupp*, ein steiler Serpentinenpfad, den Alfred Krupp 1902 in die Steilküste schlagen ließ. Er schlängelt sich über 1,4 km zur beliebten Badebucht *Marina Piccola* hinunter. Hier ragen aus dem Meer die *Faraglioni* genannten Felsbrocken empor, die Wahrzeichen Capris. Von den zwölf Villen, die sich Kaiser Tiberius zwischen 27 und 37 n. Chr. auf Capri bauen ließ, als er von hier das Römische Weltreich regierte, war die ● ❄ *Villa Jovis* (tgl. 9 Uhr–1 Std. vor Sonnenuntergang | auf der Ostspitze, ausgeschildert) die prächtigste. Von ihr ist auch das Meiste an Mauerresten, Zisternen und Thermen übrig. Ein Spaziergang (40 Min.) führt zu den herrlich exponiert liegenden Ruinen, vorbei an üppigen Villengärten. Auf Capri kann man den Massen der Ausflügler INSIDER TIPP ▶ **zu Fuß schnell entfliehen** und lernt dabei die schönsten Winkel der Insel kennen. Folgen Sie einfach den blauen Keramik-Hinweisschildern, etwa aus dem Ortsteil *La Croce* nach Westen auf der *Via Matermania* in Richtung des *Arco Naturale*. Auf Höhe des Restaurants Le Grottelle lässt sich der Weg als Rundweg, vorbei an der *Grotta di Matermania* und oberhalb der spektakulär gelegenen *Villa Malaparte*, entlang der wilden Südküste fortsetzen. Auf Höhe des Aussichtspunktes *Belvedere di Tragara* erreicht man erneut den Ort.

GROTTA AZZURRA

Die Blaue Grotte mit ihrem eindrucksvollen Lichtspiel ist die wohl berühmteste Grotte der Welt, die langwierigen Bootsanfahrten *(inkl. Eintritt ca. 24 Euro)* von der Marina Grande sind aber auch Capris

größter Nepp. Von Anacapri kommen Sie zu Fuß in ca. 45 Minuten oder mit dem Linienbus zur Grotte, am Steg warten Boote *(inkl. Eintritt dann nur ca. 11 Euro)*. *Tgl. 9 Uhr–Sonnenuntergang, im Winter wegen Seegang nicht immer zugänglich*

ESSEN & TRINKEN

IL GELATO AL LIMONE ● ⊘

Erfrischendes Zitronengelato aus Biofrüchten von der Insel. *Piazzetta Fontana Grande 63 (Porto Marina Grande) | www.ilgelatoallimone.it*

WINE BAR PULALLI

Bei gutem Wein und leckeren Kleinigkeiten sitzt man auf der stimmungsvollen ❄ Terrasse über der Piazzetta von Capri. *Di geschl. | Piazza Umberto I 4 | Tel. 08 18 37 41 08 | €€*

LA SAVARDINA (DA EDOARDO)

Für den Spaziergang von Capri zur römischen Villa Jovis: typische Inselküche in einem lauschigen Zitronengarten.

MARCO POLO HIGHLIGHTS

★ **Capri**
Die Insel mit der weltberühmten Blauen Grotte ist ein kleines Wanderparadies → S. 58

★ **San Michele**
Capris wunderbares Fußbodengemälde aus Majolika → S. 59

★ **La Mortella**
Exotischmediterranes Gartenparadies auf Ischia → S. 63

★ **Negombo**
Thermalanlage mit meditativer Zenstimmung an einer traumhaften Bucht gelegen → S. 64

Im Sommer tgl., sonst Di geschl. | Via Lo Capo 8 | Tel. 08 18 37 63 00 | www. caprilasavardina.com | €–€€

LO SFIZIO

Unprätentiöse Familientrattoria auf dem Weg zur Villa Jovis, von Einheimischen empfohlen. Abends gibt es auch Pizza. *Di geschl., im Winter nur Sa, So geöffnet | Via Tiberio 7e | Tel. 08 18 37 41 28 | €–€€*

ÜBERNACHTEN

HOTEL VILLA BRUNELLA ☼

Charmant-elegantes, den Fels hinabgestuftes Terrassenhotel mit Pool und schönem Blick auf die Faraglioni. *20 Zi. | Via Tragara 24 | Tel. 08 18 37 01 22 | www. villabrunella.it | €€€*

VILLA EVA ☼

Ein reizendes Bungalowhotel mit Frühstück und Pool in Anacapri. *15 Zi. | Via La Fabbrica 8 | Tel. 08 18 37 15 49 | www. villaeva.com | €€*

AUSKUNFT

Am Hafen Marina Grande | Tel. 08 18 37 06 34; Capri: Piazzetta | Tel. 08 18 37 06 86; Anacapri: Via Orlandi 19 e | Tel. 08 18 37 15 24; www. capritourism.com, www.capri.net

ISCHIA

(128 A–B 5–6) (*Ø A–B5*) **Ischia (62 000 Ew.) ist mit 46,3 km² die größte Insel im Golf und zusammen mit Procida dem Nordbogen des Golfs vorgelagert.** Seiner vulkanischen Beschaffenheit mit dem erloschenen Vulkanberg Epomeo und Kratern auch unter Wasser verdankt es alles: 103 heiße Quellen, 69 Fumarolenfelder und radonhaltigen Fango, so dass schon die Römer hier kurten und die Insel heute mit über 300 Hotels und jährlich 5,5 Mio. Kurgästen eine einträgliche Thermalindustrie betreibt. Neben Strand und Kuren hat Ischia aber auch zahlreiche Wanderwege zu bieten, wie etwa den Aufstieg zum ☼ *Epomeo* (788 m) von Fontana aus.

SEHENSWERTES

NORDKÜSTE

Im Nordosten liegt der Hauptort Ischia aus *Ischia Porto,* dem Hafenviertel mit einer lebendigen Ausgehmeile, der sogenannten Rive Droite (hier das kulinarisch erstklassige Terrassenrestaurant überm Meer *Alberto: im Sommer tgl. | Passeggiata Cristoforo Colombo | Tel. 0 41 98 12 59 | www.albertoischia.it | €€–€€€*), und dem malerischen *Ischia Ponte.* Letzterem ist das Felsinselchen mit dem *Castello Aragonese (tgl. 9 Uhr–1 Std. vor Sonnenuntergang | www.castelloaragonese.it)* vorgelagert, zu dem drei Kirchen gehören sowie ein Kloster, das in ein stilvoll schlichtes Hotel umgewandelt wurde: ☼ *Il Monastero (18 Zi. | Tel. 0 81 99 24 35 | www. albergoilmonastero.it | €€).* Längs der Nordküste verteilen sich besonders viele Thermalquellen, und es ist grüner als im steileren, heißeren Süden.

Das relativ moderne *Casamicciola* mit den meisten Thermalquellen ist das Hauptziel kurender Pauschaltouristen. Die historischen *Manzi-Thermen* haben als Luxus-Albergo wiedereröffnet, und im *Ristorante Il Mosaico (Piazza Bagni 4 | Tel. 08 199 47 22 | www.termemanzihotel. com | €€€)* zaubert ein von Ischia stammender, weltweit gereister Sternekoch. Bei aller kulinarischen Artistik bleibt Nino Di Costanzo den lokalen Traditionen treu. Exklusiv geht es auch in *Lacco Ameno* mit Villen und luxuriösen Hotels zu, darunter das wunderbare Luxushotel *Mezzatorre Resort & Spa (59 Zi. | Via Mezzatorre 23 | Tel. 08198 6111 | www.mezzatorre.it | €€€)* im Pinienhain auf dem hohen Kap westlich von Lacco Ameno über der schönen Bucht Baia di San Montano.

SÜDKÜSTE

Das einstige Fischerdorf *Sant'Angelo* ist ein beliebtes Ausflugsziel: Weiße und pastellfarbene Häuserkuben, von schmalen Gässchen und Treppen durchzogen, staffeln sich den Felsabhang hinunter,

Art Wildkaninchen, die Sie besonders schmackhaft (Slow Food!) bekommen im  *Il Focolare (Mi und mittags geschl., außer Sa/So | Via Cretajo al Crocefisso 3 | Tel. 08190 29 44 | €–€€).*

WESTKÜSTE

Forio war in den 50er-Jahren des 20. Jhs. eine Künstlerenklave. Im lebhaften alten Ortskern finden Sie das malerische Kirchlein *Santa Maria del Soccorso,* zahlreiche Hotels und zwei schöne, feinsandige Strände: *Spiaggia di Citara* und *Spiaggia*

Beliebtes Ausflugsziel: das malerische Fischerdorf Sant' Angelo

vorgelagert die kleine, bewaldete Halbinsel *Punta Sant'Angelo* mit Burgruine. Zu Sant'Angelo gehören auch der schöne Sandstrand *Spiaggia dei Maronti* sowie eine sehr hübsche Hotelanlage überm Meer, das *Miramare (55 Zi. | Via Comandante Maddalena 29 | Tel. 08199 92 19 | www.hotelmiramare.it | €€€).*

Die Streusiedlung *Barano* ist das Zentrum der kulinarischen Traditionen Ischias, mit Weinbau und den begehrten Grubenkaninchen, der lokalen Spezialität, eine

di San Francesco. Ein lichtes, großes Komforthotel mit gutem Thermal- und Wellnessbereich oberhalb des Citarastrands ist das *Sorriso Thermae Resort (230 Zi. | Ortsteil Cuotto | Tel. 08190 72 27 | www.hotelvillasorriso.it | €€–€€€).* Bei Forio bezaubert die subtropisch-mediterrane Gartenanlage mit Teehausimbiss und Konzertprogramm ⭐ ❄ *La Mortella (April–Mitte Nov. Di, Do, Sa, So 9–19 Uhr | 12 Euro | Via Francesco Calise 35 | www.lamortella.org).*

Heiße Bäder sorgen für Entspannung: Thermalpark Castiglione

THERMALANLAGEN

Der Thermalpark in Sant'Angelo heißt *Aphrodite-Apollon (Tel. 0 81 99 92 02 | www.hotelmiramare.it)*. *Parco Castiglione (SS 270 bei Punta la Scrofa | Tel. 0 81 98 25 51 | www.termecastiglione.it)* in Casamicciola ist besonders aufwendig und ganz in deutscher Hand. Die *Giardini di Poseidon (Tel. 08 19 08 71 11 | www.giardiniposeidonterme.com)* am Strand Citara von Forio sind eine blühende Oase. Im Zentrum von Ischia Porto befindet sich das moderne, ganzjährig geöffnete *Ischia Thermal Center (Via delle Terme 15 | Tel. 0 81 98 43 76 | www.ischiathermalcenter.it)*. Wunderbar gebettet in die Strandbucht San Montano vor Macchia und Felsklippen ist der Thermalpark ⭐ *Negombo (Tel. 0 81 98 61 52 | www.negombo.it)* bei Lacco Ameno mit besonders gutem `INSIDER TIPP` Terrassenrestaurant *(€– €€)*. Die Thermalparks sind in der Regel von April bis Oktober geöffnet, Tageseintritt: 25–30 Euro.

AUSKUNFT

Porto d'Ischia | Banchina Porto Salvo und Via Sogliuzzo 72 | Tel. 08 15 07 42 31 | www.ischiaonline.it, www.infoischiaprocida.it, www.pithecusa.com

PROCIDA

(128 B5–6) (*ff B5*) **Mit dem Tragflügelboot hat man in 35 Minuten den Großstadtmoloch Neapel hinter sich gelassen und ist auf der beschaulichen Insel Procida gelandet.**

Sie ist nur 4 km² groß, aber mit 10 600 Ew. ziemlich dicht besiedelt. Wie Ischia ist sie vulkanischen Ursprungs, felsig, mit Buchten und ins Meer ragenden Felsspornen. Der fruchtbare Vulkanboden liefert ihr herrliche Zitronen- und Apfelsinengärten. Die Neapolitaner lieben Procida, überschaubar, leicht zugänglich und relativ preisgünstig, das familiäre Idyll einer Mittelmeerinsel. Mehrmals täglich verkehren Fähren von Pozzuoli, Neapel und Ischia.

SEHENSWERTES

INSELRUNDGANG

Auf dem mit 90 m höchsten Punkt der Insel liegt die Altstadt, *Terra Murata* genannt. Vom Hafen mit seinen Fischerhäusern, ein paar Restaurants, Cafés und den wartenden Minitaxis auf drei Rädern geht es in wenigen Minuten hinauf zur ✧ Festung *Palazzo Baronale* auf steiler Klippe. Von hier genießen Sie einen überwältigenden Blick auf den Golf und die Insel mit ihren hellen Häusern im dunklen Grün der Zitrusgärten. Am Fuß des Bergs liegt das Fischerdorf **INSIDER TIPP** *Corricella*, mit seinen bunten Häuschen und blauen Booten die malerischste Ecke Procidas.

Ein weiterer Hafenort liegt am anderen Ende der Insel in einer Einbuchtung: *Chiaiolella.* Hier ist am meisten los, mit Strandbädern, mehreren Hotels und dem vorgelagerten Inselchen *Vivara,* einem Wald- und Vogelparadies.

ESSEN & TRINKEN

CARACALÈ

An der Hafenmole in Corricella lässt man sich frischen Fisch schmecken. *Di, im Winter Mo–Fr geschl. | Marina Corricella | Tel. 08 18 96 91 92 | €€*

LO SCARABEO

Kaninchen im Schatten einer von Zitronen gesäumten Terrasse in Ciraccio. *Im Winter Mo geschl. | Via Salette 10 | Tel. 08 18 96 99 18 | €*

ÜBERNACHTEN

LA CASA SUL MARE ✧

Unter der Burg zehn helle Zimmer mit Balkon und toller Aussicht. *Salita Castello 13 | Tel. 08 18 96 87 99 | www.lacasasulmare.it | €€*

HOTEL RISTORANTE CRESCENZO

Gute Küche und ganzjährig geöffnet. Einige Zimmer mit Meerblick, der Strand zu Fuß gut zu erreichen. *10 Zi. | Marina Chiaiolella | Tel. 08 18 96 72 55 | www.hotelcrescenzo.it | €€*

AUSKUNFT

Via Roma 109 | Tel. 08 18 10 19 68 | www.infoischiaprocida.it | www.procida.net

LOW BUDG€T

▶ Die rund einstündige Fährüberfahrt von Pozzuoli nach Procida ist eine Kreuzfahrt zu volksnahen Preisen *(einfach ca. 8 Euro | www.caremar.it).* Es geht über den Golf von Pozzuoli und vorbei am Capo Miseno, von dem aus Plinius der Ältere 79 n. Chr. den Vesuvausbruch beobachtet hatte.

▶ Die Ruinen der ✧ *Villa Damecuta* bei Anacapri, wo der römische Kaiser Tiberius seinen Sommer verbrachte, können umsonst besichtigt werden. Ein grandioses Panorama gibt es gratis dazu. Eine schöne Aussicht bietet auch der anschließende Wanderweg Sentiero del Fortini Borbonici.

▶ Thermalbad gratis: Am Strand *Carta Romana* in Ischia Ponte, an der ● Strandbucht *Sorgeto* bei Panza, die man über einen Treppenpfad erreicht, und nahe Sant'Angelo an den Stränden *Cava Grande* und *Maronti* gibt es Stellen, wo Fumarolen aus dem Sand aufsteigen bzw. heiße Quellen sich mit dem Meerwasser mischen.

KÜSTE VON AMALFI

Man nennt sie die *Costa Divina*, die göttliche Küste. Sie beginnt mit den Ausläufern der Monti Lattari, die sich als Halbinsel ins Meer hinausschieben und den Südbogen des Golfs von Neapel bilden.

Hier oben liegt Sorrent. Neben schönen Hotels bietet die Sorrentinische Halbinsel einige der besten Gourmetadressen Süditaliens mit traumhaftem Blick auf den Vesuv und auf Neapel. Vor der Spitze der Halbinsel, der Punta Campanella, mit ihrer Fauna und Flora unter strengem Naturschutz, liegt Capri zum Greifen nah. Weiter gen Osten beginnt die Amalfitana, die schmale, gewundene, 40 km lange Traumstraße an der nach Zitronen duftenden Klippenküste über kobaltblauem Meer, vorbei an pastellfarbenen Städtchen, die in den Schluchten und Einbuchtungen der Felsen liegen.

Von Ostern bis zum Herbst bricht hier täglich das Verkehrschaos mit Parkplatznot aus, besonders an den Wochenenden. Tagsüber dürfen im Sommerhalbjahr keine privaten Busse, Campingwagen und Caravans auf diese Straße. Daher: Nehmen Sie den Linienbus, oder kommen Sie übers Meer mit den dann regelmäßig verkehrenden Schiffen von Neapel, Sorrent, Salerno, der Cilentoküste und den Inseln aus.

Hoch über der Felsküste gelegen, ist Ravello für viele das schönste Belvedere Italiens. Und vom Keramikstädtchen Vietri sul Mare blickt man auf den Golf von Salerno, auf die uralte, quirlige Hafenstadt.

Bild: Direkt vor Amalfi lässt die Steilküste sogar Platz für einen kleinen Sandstrand

Ein mediterraner Traum: Auf alten Maultierpfaden durch Zitronenhaine hoch über den
pastellfarbenen Städtchen wandern

AMALFI

(131 D5) *(⊠ F6)* **Zwei Plätze und eine
Hauptstraße, ein Auf und Ab von Treppen und Gassen, die die übereinan-
dergestapelten weißen Häuser, sieben
Kirchen, den prächtigen Dom und den
Hafen miteinander verbinden, und
durchs Häusergewirr bohrt sich die
Rua Nova Mercatorum, ein mittelalter-
licher Gassentunnel, ein fast morgen-
ländisches Labyrinth:**

All das drängt sich zwischen dem Meer
und dem Tal der Mühlen, der Schlucht
Valle dei Mulini, die wie ein langer,
schmaler Trichter in die Felsküste hin-
aufführt. Auf diesem engen Raum leben
immerhin 6000 Menschen.

Im Mittelalter, als Amalfi zu den vier großen Seerepubliken (Pisa, Genua, Vene-
dig) zählte, die mit ihren Handelsflotten
den Warenverkehr zwischen Abendland
und Morgenland beherrschten, sollen
es über 50 000 gewesen sein – bis
die Stadt 1135 von ihrer Konkurrentin

Orientalisch gibt sich der Kreuzgang Chiostro del Paradiso in Amalfis Dom

Pisa in die Knie gezwungen wurde, bis Erdrutsche und Sturmfluten große Teile ins Meer rissen. Die Gegend geriet ins Abseits, lebte von Fischfang, Handwerk, Goldschmiedekunst, vor allem aber von der kostbaren, bei den Arabern gelernten Papierherstellung: Bis zu 16 Papiermühlen standen an den reißenden Bergbächen des Tals.

Ein neues Leben begann mit dem Bau der Küstenstraße 1840. Es kamen die ersten Fremden, Künstler, Schriftsteller. Die beiden großen Klöster Amalfis, beide aus dem 13. Jh., wurden in prächtige Hotels umgewandelt: Luna und Cappuccini. Amalfi war nun ein Ort, an dem die Sensiblen und Wohlhabenden aus den Nordländern von Oktober bis März überwintern. Und heute? Allein von der Lage her droht Amalfi keine Zersiedelung, wohl aber kommen jede Menge Besucher. Dennoch, ihren optischen Reiz hat die Stadt bewahren können, und so bleibt sie Kulisse für schönes Wohnen (teuer), gutes Es-

sen (teuer) und herrliche Naturschauspiele vom Morgendunst bis zum Abendrot.

SEHENSWERTES

ARSENALE

Werfen Sie unten am Hafen, an der *Piazza Flavio Gioia* (benannt nach dem Erfinder des Kompasses), einen Blick in die eindrucksvolle Backsteinhalle, ein Rest der mittelalterlichen Werften, heute Ausstellungsraum.

DUOMO SANT'ANDREA/CHIOSTRO DEL PARADISO

Am Kopf einer breiten, steilen Treppe erhebt sich der Dom mit einem Säulenatrium in schwarzem und weißem Marmordekor und bunt schillernden Giebelmosaiken. Ein Erdrutsch hatte die Kirche 1861 zusammenbrechen lassen, originalgetreu baute man sie wieder auf. Einzig der Kirchturm mit seinen majolikageschmückten Minarettkuppelchen war stehen geblieben. Schon vor dem Zusammenbruch war der Dom nicht aus einem Guss. So verbergen sich hinter dem breiten Säulenatrium zwei Kirchen und ein Kreuzgang mit arabischen, normannischen und barocken Stilelementen. Die Ursprungskirche ist die *Cappella del Crocifisso* aus dem 10. Jh., heute von ihrem barocken Stuck befreit und seit 1995 ein sehenswertes *Dommuseum.* Die dreischiffige Hauptkirche kam im 11. Jh., als die Seerepublik sich auf dem Gipfel von Reichtum und Einfluss fühlte, dazu. Sie besitzt ein *Bronzeportal* aus Konstantinopel, ein Meisterwerk orientalischer Kunst von 1066. Darunter geht es in die barock gestaltete Krypta mit dem Reliquiar des hl. Andreas, des ersten Apostels Jesu, der in Amalfi hoch verehrt wird. Der mit seinen Doppelspitzbögen orientalisch anmutende Kreuzgang ★ *Chiostro del Paradiso* aus dem 13. Jh. war einst der Friedhof der Amalfitaner Aristokratie. *Chiostro del Paradiso und Museo del Duomo Mai–Sept. tgl. 9–21, Okt.–April 10–17 Uhr*

MUSEO DELLA CARTA

Die berühmten Papierfabriken Amalfis, die die Amtsstuben des Königreichs Neapel belieferten, schafften Ende des 19. Jhs. nicht den Sprung zur Modernisierung. Nur zwei Werkstätten überlebten bis heute, da sie auf höchste handwerkliche Qualität setzen: INSIDERTIPP ▸ *Amatruda* und *Antica Cartiera Amalfitana* in Tramonti. Auf ihrem besonders langlebigen, von Künstlern hoch geschätzten Papier werden bibliophile Kostbarkeiten gedruckt. Das Papiermuseum zeigt diese Tradition. *März–Okt. tgl. 10–18.30, Nov.–Feb. Di–So 10–15.30 Uhr | www.museodellacarta.it | Via delle Cartiere 23*

MUSEO CIVICO

Wer an der Geschichte Amalfis als Seemacht interessiert ist, schaut sich am besten die *Tabula Amalphitana* im Rathaus an, das schriftlich niedergelegte mittelalterliche Seefahrer- und Handelsrecht der Republik. *Mo–Sa 9–14 Uhr | Piazza Municipio 1*

★ **Chiostro del Paradiso**
Ein Hauch Morgenland im Dom Sant'Andrea von Amalfi. Hier ließ sich der Amalfitaner Adel bestatten → S. 69

★ **Antichi Sentieri**
Auf alten Maultierpfaden durch herrliche Vegetation wandern und himmelweite Ausblicke genießen → S. 71

★ **Duomo San Pantaleone**
Kostbare Mosaiken und ein byzantinisches Bronzeportal in Ravellos Dom. Weniger bekannt: Auch hier verflüssigt sich das Blut des Heiligen einmal im Jahr, am 27. Juli → S. 76

★ **Terrazza dell'Infinito**
Unendliche Blicke von Ravello über die Küste und das Meer. In einem Café unterhalb der Terrasse kann man gemütlich Platz nehmen → S. 76

★ **Duomo San Matteo**
Salernos romanischer Dom mit orientalischen Säulen und einer barocken Ausstattung sowie einem Apostel in der Krypta → S. 78

★ **Locanda Don Alfonso 1890**
Das Spitzenrestaurant Kampaniens liegt in Sant'Agata sui due Golfi, die Zutaten stammen aus eigener Bioproduktion → S. 83

MARCO POLO HIGHLIGHTS

ESSEN & TRINKEN

LA CARAVELLA

Elegantes Lokal unter Gewölben beim Arsenal mit feiner, hoch gelobter Fischküche. *Di geschl. | Via Matteo Camera 12 | Tel. 0 89 87 10 29 | www.ristorantela caravella.it | €€€*

PANSA

Im Traditionscafé an der Piazza del Duomo gibt's köstliche Spezialitäten von Zitronentorte bis *limoncello,* alles aus Zitronen aus den eigenen Hainen. Auch schmackhafte Imbisse. *Tgl. | www. pasticceriapansa.it | €–€€*

EINKAUFEN

Briefpapier, Kladden, Alben aus Amatruda-Papier sowie alte Veduten Amalfis gibt's bei *Antiche Stampe di Amalfi (Piazza Duomo 11).*

STRÄNDE

Tatsächlich liegt vor Amalfi sogar ein kleiner Sandstrand, ansonsten verzieht man sich in Buchten und auf Klippenstege oder an den grausandigen Strand des Nachbarorts Atrani.

ÜBERNACHTEN

Eine bezahlbare Alternative zu den teuren Hotels sind Ferienwohnungen und B-&-B-Zimmer. *www.bed-and-breakfast.it, www. cam-casa.de*

RESIDENCE DEL DUCA

Mitten in Amalfi in einem Adelspalast fünf charmante Zimmer mit Frühstück auf dem Balkon. Die ☀ Dachterrasse bietet weite Ausblicke zum Meer. *Via Mastalo II Duca 3 | Tel. 08 98 73 63 65 | www.residencedelduca.it | €–€€*

SANT'ANDREA

Nette Pension; Blick auf die Dompiazza. *9 Zi. | Via Santolo Camera | Tel. 0 89 87 11 45 | www.albergosantandrea.it | €*

LA PERGOLA ☀

Kleines Hotel etwas außerhalb im Grünen an der Küstenstraße im Ortsteil Vettica; leckere Küche zu fairem Preis. *12 Zi. | Via Augustaccio 10 | Tel. 0 89 83 10 88 | www.lapergolamalfi.it | €–€€*

SANTA CATERINA ☀

Über den Klippen, das eleganteste (teuerste) Hotel Amalfis mit exzellentem Restaurant. *61 Zi. | Via Nazionale 9 | Tel. 0 89 87 10 12 | www.hotelsantacaterina.it | €€€*

AUSKUNFT

Corso Repubbliche Marinare 27 | Tel. 0 89 87 11 07 | www.amalfituristoffice.it

ZIELE IN DER UMGEBUNG

ANTICHI SENTIERI (ALTE BERGPFADE)
★ ☀ (131 D5) (⌖ F6)

An der Amalfiküste kann man nicht den ganzen Tag am Strand liegen. Schon von jeher nutzen die Feriengäste die alten Maultierpfade und Treppenwege gleich im Rücken Amalfis zu Wanderungen in die Berge, hinein in eine andere Welt. An den Terrassen mit Zitronen- und Orangenbäumen entlang, durch Wälder und Schluchten, auf Anhöhen mit kleinen Siedlungen wie *Pogerola* und *Pontone* und phantastischen Blicken über die Küste.

Eine klassische Wanderung führt in die *Valle dei Mulini* mit ihren Ruinen alter Papierfabriken, Wasserfällen und dichten Waldstücken, eine andere durch das hübsche Atrani hinauf bis nach Ravello. Anspruchsvoller ist eine ☀ Bergwanderung ins Naturschutzgebiet *Valle delle Ferriere* voller seltener Pflanzenarten

(vor allem Farne). Der Weg ist vom italienischen Alpenverein CAI markiert und geleitet bis auf 1000 m in alpine Landschaft hinauf, berühmt für ihre atemraubenden Ausblicke.

Die Krönung ist der berühmte ● *Sentiero degli Dei*, der in Bomerano, einem Ortsteil von Agerola beginnt. Mit dem Linienbus *(www.sitabus.it)* ist Bomerano von Amalfi aus gut zu erreichen. Der gut ausgeschilderte Götterweg beginnt auf der Piazza Capasso, wo man auch für ein Picknick einkaufen kann. In ca. 3 Stunden geht es über den Sattel *Colle La Serra*, durch die Orte *Nocelle* und *Montepertuso* und dann schlussendlich über viele Treppenstufen nach *Positano* hinab. Mit dem Linienbus oder Schiff *(www.coopsantandrea.it, www.travelmar.it)* kehrt man nach Amalfi zurück. Fragen Sie nach Karten im Fremdenverkehrsamt und in den Zeitungsläden Amalfis, oder surfen Sie auf den Web-

Auf Treppenstufen geht's hinab nach Positano

sites www.parcodeimontilattari.it, www.italien-aktiv.info und www.giovis.com.

ÖSTLICHE AMALFITANA
(131 D–E5) ($\mathcal{W}$ F–G 5–6)

INSIDER TIPP *Atrani* schließt gleich an Amalfi an, ist nicht so teuer, aber sehr malerisch: gut erhaltene Mittelmeerarchitektur aus weißen Häusern, Treppen und Plätzchen wie der zauberhaften *Piazzetta Umberto I.* Die Kirche *San Sal-*

sonst Di geschl. | Via Dragone 1–2 | Tel. 0 89 87 18 40 | €–€€).

Es folgen *Minori* und *Maiori,* beide an kleinen Flussmündungen gelegen, mit breiten Sandstränden, Palmenpromenaden und viel moderner touristischer Infrastruktur. In Minori stehen beachtliche Reste einer römischen Villa.

Beim ☀ *Capo d'Orso,* dem Bärenkap, finden Sie Reste einer Benediktinerabtei aus dem 11. Jh. und genießen eine herr-

Im Osten der Amalfitana lohnt das Keramikstädtchen Vietri einen Bummel

vatore de Bireto besitzt ein schönes orientalisches Bronzeportal von 1087. Zur Zeit der Republik war Atrani Krönungsort des Dogen. An Übernachtungsmöglichkeiten gibt es hier u. a. das kleine, nette *Ostello A'Scalinatella (12 Zi. | Piazza Umberto I 5/6 | Tel. 0 89 87 14 92 | www.hostelscinatella.com | €)* im Zentrum und ein paar sympathische Bed-&-Breakfast-Adressen *(www.larginefiorito.com | www.roomswithview.com | €–€€)* und dazu eine Reihe einladender Restaurants, z. B. *'a Paranza (im Sommer tgl.,*

liche Sicht auf die Küste Amalfis und die Sorrentinische Halbinsel bis hinüber nach Capri. Es folgen das kleine *Erchie,* tief in einem Taleinschnitt an sandiger Bucht gelegen, und das malerische Fischerdorf *Cetara* mit der majolikageschmückten Kuppelkirche *San Pietro,* am 29. Juni Ausgangspunkt einer Strandprozession. Das Ende der Amalfitana bildet *Vietri sul Mare* (8300 Ew.), schon seit den Etruskern ein Keramikzentrum. Ein Geschäft reiht sich ans nächste, Berge von bunt glasiertem Geschirr, Krügen, Blumenschalen stapeln sich vor mit Majolika-kacheln verzierten Hauswänden. Das *Keramikmuseum* im Ortsteil Raito in der *Torretta*, dem Turm des Parks der *Villa Guariglia (Juni–Sept. Di–So 9–13 und 16–19, Okt.–Mai 9–13 und 15–18 Uhr)*, zeigt auch die sogenannte „deutsche Perio-de", als in den 20er-Jahren des 20. Jhs. zahlreiche deutsche Keramikkünstler nach Vietri zum Arbeiten kamen. Spek-takulär ist die Majolikaverkachelung in einer der renommierten Keramikfabri-ken des Städtchens: *Ceramiche Artistiche Solimene (Via Madonna degli Angeli 7)*.

WESTLICHE AMALFITANA
(130–131 C–D5) (*M F6*)

Von Amalfi in Richtung der malerisch verstreut liegenden Gemeinde *Conca dei Marini* stößt man an der Straße auf den Einstieg hinunter zur *Grotta dello Smeral-do (tgl. 9–16, beste Zeit 12–14 Uhr | Auf-zug)*: eine 60 mal 30 m große Tropfstein-höhle mit smaragdgrünem Wasser.

Hoch oben auf einem Felsen über der Küste liegt das weiße Kloster Santa Rosa, dessen Nonnen die berühmte, mit Ri-cotta und kandierten Früchten gefüllte Blätterteigtasche *sfogliatella* erfanden, die hier am zweiten Augustwochenende gefeiert wird.

Bei der Weiterfahrt Richtung Positano überquert die Küstenstraße den dra-matischen **INSIDER TIPP** *Fjord von Furo-re*: Aus der schluchtartigen Hafenbucht trug man die Waren einst über eine kilometerlange Steintreppe hinauf in den Weiler *Furore* auf den Hängen zwi-schen Rebterrassen (guter Lokalwein) und Zitronenhainen. Jeden September kommen Künstler und bemalen die so-genannten **INSIDER TIPP** *muri d'autore*, Häuserwände mit bunten Geschichten. Das und die dramatische Naturkulisse haben Furore *(www.furore.it)* beliebt ge-macht. Davon zeugen eine Reihe Hotels,

vom raffinierten Luxusresort *Furore Inn (www.furoreinn.it)* mit Spa und hochele-ganten Restaurants *(€€€)* bis zur sym-pathischen *Locanda del Fiordo (18 Zi. | Via Trasita 9 | Tel. 0 89 87 48 13 | www. lalocandadelfiordo.it | €€)* oder dem gu-ten Restaurant *Hostaria di Bacco (tgl. | Tel. 0 89 83 03 60 | www.baccofurore.it | €–€€)* mit Hotel *(20 Zi.)*.

Praiano, ein Dorf zwischen Gärten und Olivenhainen mit der schönen, majo-likageschmückten Kirche *San Gennaro*, besiedelt zusammen mit Vettica Maggi-ore den sonnigen Landrücken zum Capo Sottile. Hier liegt das hübsche, kleine ❀ *Hotel Margherita (28 Zi. | Corso Umberto 70 | Tel. 0 89 87 46 28 | www. hotelmargherita.info | €–€€)* mit Pool und toller Aussicht. Eine Einbuchtung in die Küste schafft zwischen abfallenden Hängen den Platz für *Marina di Praia* mit Strand und Tauchmöglichkeiten. Die ehemalige Fischersiedlung ist heu-te eine kleine Ansammlung von Pensio-nen, dazu ein gutes Fischrestaurant: *Alfonso a Mare (Via Marina di Praia | Tel. 0 89 87 40 91 | www.alfonsoamare.it | €€)*, zugleich nettes Hotel *(11 Zi.)* mit einer Dependance in Praiano *(Casa Al-fonso | 16 Zi. | Tel. 0 89 87 40 48 | www. casaalfonso.it | €)*. Marina di Praia ist zu-dem Anlaufpunkt für Diskofans, die sich in der äußerst beliebten *Disco Africana (www.africanafamousclub.com)* treffen.

POSITANO

(130 C5) (*M E6*) **Stufenweise fällt die Kaskade würfelförmiger Häuser an zwei Hängen zum Meer hinab, Dächer mit platt gedrückten Kuppeln über wei-ßen und rosafarbenen Fassaden, bogen-überspannte Loggien und Balkone, an denen sich Bougainvilleen und Wildrös-chen hochranken.**

Postkartenidyll: Blick vom Hotel Le Sirenuse auf Santa Maria Assunta

Gegenüber liegt die kleine Felsinselgruppe *Li Galli,* angeblich die versteinerten Sirenen des Odysseus. Besitzer des Mini-Archipels war zeitweise der Tänzer Rudolf Nurejew, der den letzten Sommer seines Lebens hier verbrachte. Positano (4000 Ew.) war einst ein Seefahrerort, bis in den 1950er Jahren die Schönen des Dolce Vita Positano entdeckten. Ihnen folgten schillernde Hippies. Die Stadt boomte – und kreierte Mode: leichte, flatternde Stoffe in mediterranen Farben. Man nähte, färbte, verkaufte im Akkord, Positano wurde zum Modezentrum.

SEHENSWERTES

SANTA MARIA ASSUNTA
Die schöne Kirche mit Majolikakuppel an der Hauptpiazza besitzt im Innern ein mittelalterliches Marienbild, draußen am Kirchturm ein Relief mit Fischen, Fuchs und Seeungetüm, das Wahrzeichen Positanos. *Piazza Flavio Gioia*

ESSEN & TRINKEN

MAX
Kunstgalerie, *wine bar,* sorgfältige Küche, stimmungsvolle Räume – ein Lokal mit viel Flair. *Im Sommer tgl. | Via dei Mulini 22 | Tel. 0 89 87 50 56 | www. ristorantemax.it | €€–€€€*

DA VINCENZO
Vincenzos Spezialität sind die *margaret,* mit Ricotta gefüllte Teigtaschen, frisches Basilikum und die kleinen, süßen Tomaten von Furore. *Im Sommer tgl. | Via Pasitea 172–178 | Tel. 0 89 87 51 28 | €–€€*

LA ZAGARA
Legendäres Konditoreicafé, *der* Treffpunkt zum Aperitif mit Fruchtsäften und -cocktails auf wunderschöner Terrasse unter Zitronenbäumen. *Via dei Mulini 8*

EINKAUFEN

Durch das Zentrum Positanos, für den Verkehr gesperrt, schlängelt sich die *Via Pasitea* mit einer Boutique neben der anderen, mit farbenfroher Sommermode, Sandalen, Taschen – lässig, elegant, nicht billig. Oder Sie kaufen die hiesigen Spezialitäten: kampanische Weine, Marmeladen aus Zitrusfrüchten und den knallgelben Zitronenlikör *limoncello.* Zitronen- und Macchia-Düfte der Amalfitana fängt *Profumi di Positano (Via C. Colombo 175 | www.profumidipositano.it)* ein.

AM ABEND

Music on the rocks (www.musicon therocks.it) im Wortsinn: Disko und Pianobar am Strand *Marina Grande.*

ÜBERNACHTEN

CASA GUADAGNO ⚜
Sympathische Pension für den kleinen Geldbeutel. *7 Zi. | Via Fornillo 36 | Tel. 089875042 | www.pensionecasaguadagno.it | €*

HOTEL REGINELLA ⚜
Zehn recht stilvolle Zimmer, die meisten mit Meerblick, mitten im Ort. *Via Pasitea 154 | Tel. 089875324 | www.reginellahotel.it | €€–€€€*

SAN PIETRO ⚜
Phantastisches, in die Klippen gebautes Luxushotel mit großartigem Blick, eigenem Aufzug zum Strand, Cocktailterrasse und einem sterngekrönten Restaurant. *58 Zi. | Via Laurito 2 | Tel. 089875455 | www.ilsanpietro.it | €€€*

LE SIRENUSE ⚜
Traumhafter Adelspalast im Herzen Positanos mit schickem Spabereich. *60 Zi. | Via Colombo 30 | Tel. 089875066 | www.sirenuse.it | €€€*

AUSKUNFT

Via del Saracino 4 | Tel. 089875067 | www.aziendaturismopositano.it

ZIELE IN DER UMGEBUNG

MONTEPERTUSO/NOCELLE/SANTA MARIA DEL CASTELLO (130 C5) (⌂ E6)
Auch von Positano aus kann man Bergausflüge unternehmen: etwa über recht steile Treppen hinauf nach ⚜ *Montepertuso,* 365 m über dem

LOW BUDGET

▶ Achten Sie auf die Aushänge der *sagre,* der sommerlichen Schlemmerfeste – z. B. im Juli das *Thunfischfest* in Atrani oder im August das *Sardellenfest* in Cetara: Hier genießen Sie lokale Spezialitäten preiswert.

▶ Nur knapp 8 Euro kostet der 80-Minuten-Trip mit den Linienschiffen der *Cooperativa Sant'Andrea (www.coopsantandrea.com)* von Sorrent oder Salerno nach Amalfi; reizvoll ist auch die Strecke Positano–Salerno. Das Küstenpanorama vom offenen Deck gibt es gratis dazu.

▶ Im ● *Giardino della Mineva (Di–So 9–13 Uhr | www.giardinodellaminerva.it)* in Salerno, der nur 2 Euro Eintritt kostet, lernten schon die Studenten der ersten medizinischen Fakultät Italiens im 14. Jh. das Heilen mit Kräutern und Essenzen. Eine stille Oase im Altstadtgewirr.

Meer (40 Minuten), ein Örtchen mit einigen besonders guten Trattorien (*Donna Rosa | Okt.–Mai Di, Juni–Sept. Di-Mittag und Mo geschl. | Tel. 0 89 811 8 06 | €€; Il Ritrovo | im Winter Mi geschl. | Tel. 0 89 875 4 53 | €–€€*). Einladend ist das B & B Casa Cuccaro (*3 Zi. | Via Cappella 28 | Tel. 0 89 875 4 58 | www.casacuccaro. it*) mit Dachterrasse im verkehrsfreien Nachbarort Nocelle. Ein Treppenweg führt hinab an die Spiaggia d'Arienzo mit der netten Strandbar ● *Bagni d'Arienzo (www. bagnidarienzo.it).* Von hier gibt es einen privaten Bootsshuttle nach Positano. Städtische Linienbusse pendeln zwischen Positano und Nocelle. Eine klassische Tour ist von Nocelle aus der steile Aufstieg zum 🌣 Belvedere beim Wallfahrtskirchlein *Santa Maria del Castello.* Zu den schönsten Wanderungen an der Costa Divina gehört der 🌣 Höhenweg *Sentiero degli Dei* von Montepertuso über Nocelle nach Agerola – auch als Rundweg (*siehe S. 71*).

RAVELLO

(131 D5) (*ḍ F6*) **Für viele Kenner der Costa Divina ist 🌣 Ravello auf 374 m Höhe der Lieblingsort. Bei Atrani zweigt die Straße ab hinauf ins grüne „Drachental" *Valle del Dragone*.**
Die Straße windet sich durch Wälder und über in Terrassen gestufte Hänge, auf denen Oliven und Zitronenbäume, vor allem aber Wein, der beste der Küste, wachsen. Auf der anderen Seite des Tals liegt Scala mit großem Dom romanischen Ursprungs. Im Mittelalter durch gute Verbindungen zu den Normannen eine reiche Stadt, hat Ravello auch heute trotz nur 2500 Bewohnern mit zwölf Kirchen, mit Konventen und Villen nichts Provinziell-Dörfliches. Lange im Dornröschenschlaf, wurde es erst im 19. Jh. von romantischen Künstlern zum Leben erweckt. Ein paar weltberühmte Traumhotels in stimmungsvollen Palazzi und zauberhaften 🌣 Gärten bei atemraubendem Panorama runden das Bild ab.

DUOMO SAN PANTALEONE ★
Bei einer Restaurierung 1975 wurde die romanische Kathedrale aus dem 11./12. Jh. vom Barock befreit. Der Einfluss byzantinisch-normannischer Kultur zeigt sich in der Bronzetür des Barisano da Trani aus dem 12. Jh., in den Mosaiken am *ambo* (Lesepult) mit Ungetümen, die Jonas verschlingen (12. Jh.), sowie in den Mosaiken und Reliefs an der Kanzel (13. Jh.) von Niccolò di Bartolomeo da Foggia, auch aus Apulien. Im kleinen *Domschatzmuseum* wird neben einigen kostbaren Reliquienbehältern und mosaikverzierten Steindekorationen die wunderschöne Marmorbüste der Sigilgaita Rufolo aus der antiken Ravelleser Familie Rufolo von 1272 aufbewahrt. *Museo del Duomo tgl. 9–19 Uhr | Piazza Vescovado*

VILLA CIMBRONE
Die Villa von 1904 im auf mittelalterlich getrimmten Kitschstil steht auf dem äußersten Punkt des Felssattels, auf dem Ravello liegt. Höhepunkt des großen Parks mit Alleen, Hecken, Beeten, Skulpturen, Tempelchen ist die Aussichtsterrasse ★ 🌣 *Terrazza dell'Infinito* mit einem Panorama über die Küste, darunter ein ● Café. Heute beherbergt die Villa ein edles Hotel. *Park tgl. 9 Uhr–30 Min. vor Sonnenuntergang | www.villacimbrone. com | 5 Euro*

VILLA RUFOLO
Durch einen stämmigen Turm geht es hinein in die Villa aus dem Mittelalter in arabisch-sizilianischem Stil (so die Spitzbögen im kleinen Innenhof) und in ihren

Terrassengarten über der Küste mit Palmenstauden, Pinien und herrlichen Ausblicken. Im 13. Jh. als Wohnsitz der Ravelleser Familie Rufolo entstanden, wurde die Villa berühmt durch Richard Wagner, der sich, so heißt es, vom Park zu Klingsors Zaubergarten für seine Oper „Parsifal" anregen ließ. Ab März finden im Innern und auf der Terrasse anspruchsvolle Konzerte statt, bei denen nicht nur Wagner gespielt wird; Höhepunkt ist das Ravello-Festival *(Juni–Sept. | www.ravellofestival.com). Tgl. 8 Uhr–1 Std. vor Sonnenuntergang | 5 Euro*

CAFFÈ DELL'ARTE ROSSELINIS
Im wunderschönen Nobelhotel Palazzo Sasso trifft man sich zum Essen, zu Cocktail und Aperitif und abends bei Loungemusik auf den Terrassen dieses schicken Caférestaurants. *März–Okt. tgl. | Via San Giovanni del Toro 28 | Tel. 0 89 81 81 81 | www.palazzosasso.com | €€€*

CUMPÀ COSIMO
Ein Muss wegen seiner allseits gelobten, köstlichen Nudelgerichte. Gemütliches Ambiente einer Trattoria – die Preise liegen eine Kategorie höher. *Tgl. | Via Roma 44 | Tel. 0 89 85 71 56 | €€*

VILLA MARIA
Ein weiterer Traumplatz mit Weitblick ist die lauschige Restaurantterrasse des charmanten Traditionshotels Villa Maria. Schmackhafte, frische Traditionsküche. *Tgl. | Via Santa Chiara 2 | Tel. 0 89 85 72 55 | www.villamaria.it | €€*

HOTEL TORO
Freundliches Frühstückshotel beim Dom, hübscher Garten. *10 Zi. | Via Roma 16 | Tel. 0 89 85 72 11 | www.hoteltoro.it | €€*

Umrankt von Efeu und Legenden: die Villa Rufolo mit Terrassengarten

VILLA SAN MICHELE

Zu Füßen Ravellos liegt dieses kleine, charmante Hotel in toller Lage direkt an den Klippen überm Meer. *12 Zi. | Via Carusiello 2 | Tel. 0 89 87 22 37 | www. hotel-villasanmichele.it | €€*

AUSKUNFT

Gratiskarte mit Wanderwegen. *Via Roma 18 | Tel. 0 89 85 70 96 | www.ravellotime.it*

SALERNO

(131 E–F5) (*ɱ G–H 5–6*) **Vor nicht allzu vielen Jahren noch düster und schäbig, erlebt die Hafen- und Provinzhauptstadt (140 000 Ew.) heute eine neue Blüte.**
Man sieht es an der eleganten Uferpromenade *Lungomare Trieste,* an der wiederbelebten Altstadt (Ausgangspunkt *Piazza Cavour*) voller *wine bars,* Trattorien und schöner Läden mit der Bummelmeile *Via dei Mercanti,* mit dem Dom und den Museen. Und dank der renommierten Universität, im Mittelalter aus der hochgerühmten Scuola Medica Salernitana hervorgegangen, ist sie voller Studenten.

SEHENSWERTES

CASTELLO ARECHI ☆

Die imposante mittelalterliche Festungsanlage mit schönem Panorama auf die Stadt erhebt sich auf den Hügeln. Ein schickes Cafè bietet Erfrischungen, und verschiedene Kulturveranstaltungen füllen die Burg mit Leben. *Di–So 9.30–13.30 und 15.30–19.30 Uhr | www. ilcastellodiarechi.it*

DUOMO SAN MATTEO ★

Als sich die Stadt unter Robert il Giuscard, dem Herrscher über das süditalienische Normannenreich, im 11. Jh. die Reliquien des Apostels Matthäus sichern konnte, gab das den Anlass für den Bau dieser eindrucksvollen Basilika mit ihrem wertvollen Bronzeportal sowie byzantinischer Mosaik- und romanischer Steinmetzkunst. *Mo–Sa 9.30–12.30 und 16–18, So 16–18 Uhr | Largo Plebiscito*

INSIDER TIPP MUSEO DIOCESANO

Das Diözesanmuseum, oberhalb des Doms im ehemaligen Erzbischöflichen Seminar untergebracht, birgt dem breiten Publikum noch weitgehend unbekannte Kleinode. Prunkstück der Sammlung ist der größte mittelalterliche Zyklus geschnitzter Elfenbeintafeln. Die 67 Reliefs, vermutlich Teile eines Altarvorsatzes, zeigen Szenen des Alten und Neuen Testaments. *Mo–Sa 9–13, So 9–13 und 15–19 Uhr | Largo Plebiscito | Eintritt frei*

ESSEN & TRINKEN

HOSTARIA IL BRIGANTE

Einfache Hosteria mit frischer, einfallsreicher Küche in der Nähe des Doms. *Mo geschl. | Via Fratelli Linguiti 4 | Tel. 0 89 22 65 92 | €*

INSIDER TIPP OSTERIA CANALI

Slow Food nahestehender Kultur- und Gastronomiezirkel in der Altstadt. Ein besonderer Schwerpunkt liegt auf der Küche des Cilento. *Mo geschl. | Via Canali 34 | Tel. mobil 33 88 07 01 74 | www. osteriacanali.it | €€*

ÜBERNACHTEN

VILLA AVENIA

Sechs B-&-B-Zimmer in einer gastlichen alten Villa mit verwunschenem Garten. *Via Tasso 83 | Tel. 0 89 25 22 81 | www. villaavenia.com | €*

Blick auf die Berge und über den Golf bis nach Neapel: Promenade von Sorrent

AUSKUNFT

Piazza Vittorio Veneto 1 (am Bahnhof) | Tel. 0 89 23 14 32 | www.eptsalerno.it

SORRENTO (SORRENT)

(130 B5) (*ɯ E6*) **Sorrent (17 000 Ew.), eine griechische Gründung und Geburtsort des großen Dichters Torquato Tasso, und die dazugehörige Halbinsel wurden dank ihrer phantastischen Lage auf einem mächtigen Tuffplateau hoch über dem Golf von Neapel im 18. Jh. von den Engländern „entdeckt".**

In der Folgezeit entstanden wunderschöne Prachthotels und Villen in herrlichen Parks. Davon gibt es immer noch einige, die den alten Zauber Sorrents erspüren lassen. Zugleich sind mit der Zeit viele weitere Hotels hinzugekommen, auf dem Plateau findet sich sogar Platz für Campingplätze, aber auch für Zersiedelung und Verkehrschaos.

Zu Sorrent gehört die Tradition der Intarsienkunst und des Tarantellatanzes. Und durch die Nähe zu Neapel kann man hier sogar von einer Ausgehszene mit Diskos und *wine bars* sprechen.

SEHENSWERTES

BELVEDERE DER VILLA COMUNALE

Diese herrliche Aussichtsterrasse befindet sich im kleinen Stadtpark von Sorrent, einem ehemaligen Klostergarten.

KIRCHEN

Der *Dom Santi Filippo e Giacomo,* romanischen Ursprungs, mit Fassade von 1924 und alten und neuen Intarsien im Innern und am Portal, liegt am *Corso Italia.* Der arabisch angehauchte Kreuzgang von *San Francesco* ist Schauplatz sommerlicher Konzerte. Die Kirche *Sant'Antonio* birgt Votivbilder der Seefahrer und eine schöne Weihnachtskrippe.

MUSEO ARCHEOLOGICO

Das Museo Archeologico „Georges Vallet" im Ortsteil Piano di Sorrento inmitten einer wunderschönen  Parkanlage zeigt Funde aus prähistorischen Nekropolen und der Antike sowie schöne Statuen aus römischen Badevillen. *Di–So 9–18 Uhr | Villa Fondi | Ripa di Cassano*

MUSEO CORREALE DI TERRANOVA

In einer Villa mit einem wunderschönen Zitronenhain (allein schon lohnend, auch wegen der schönen Aussicht vom Belvedere) befinden sich eine hochwertige Porzellansammlung, Rokokospiegel, Fächer, antike Vasen und schöne Antiquitäten. *Mi–Mo 9–14 Uhr | Via Correale 50*

Wo im 16. Jh. Stadträte tagten, treffen sich heute Rentner: Sedile Dominova

INSIDER TIPP MUSEO BOTTEGA DELLA TARSIA LIGNEA

Der Renaissancepalast Pomarici-Santomasi, selbst einen Besuch wert, zeigt eine herausragende historische Intarsiensammlung des Intarsienherstellers Alessandro Fiorentino, dazu auch dessen Designstücke. Hier schulen Sie Ihr Auge, um Fälschungen von echten Intarsienarbeiten unterscheiden zu können. Angegliedert ist ein Shop. *Juli–Sept. tgl. 16–19.30, Okt.–Juni Mo–Sa 10–13 und 15–18.30 Uhr | Via San Nicola 28 | www.alessandrofiorentino collection.it*

SEDILE DOMINOVA

Unter dieser mit Fresken ausgemalten Loggia, in der im 16. Jh. die adligen Stadträte tagten, sitzen heute die Rentner aus dem Arbeiterverein beim Kartenspiel. *Via San Cesareo 72*

ESSEN & TRINKEN

IL BUCO

Ausgezeichnetes Lokal, im ehemaligen Weinkeller eines Klosters untergebracht. Darauf spielt der Name „Das Loch" an. *Mi geschl. | Rampa Seconda Marina*

Piccola 5 | Tel. 08 18 78 23 54 | www. ilbucoristorante.it | €€€

GIGINO PIZZA A METRO

Eine am ganzen Golf berühmte Mega-pizzeria (über 100 Angestellte) im Nach-barort Vico Equense. Pizza als Inbegriff kollektiven Schlemmens gibt es hier gleich meterweise. Tgl. | Via Nicotera 15 | Tel. 08 18 79 84 26 | www.pizzametro.it | €

SANT'ANNA DA EMILIA

Im Sommer auf einer Plattform überm Wasser, Fisch aus dem Netz gleich in die Pfanne. Im Winter Di geschl. | Via Marina Grande 62 | Tel. 08 18 07 27 20 | €

TORRE DEL SARACINO

Ebenfalls in Vico Equense tischt der ge-rühmte Sterne-Chef Gennaro Esposito allerbeste Mittelmeerküche auf. So-Abend und Mo geschl. | Via Torretta 9 | Tel. 08 18 02 85 55 | www.torredelsaracino.it | €€€

EINKAUFEN

Im Gassengewirr der Altstadt (vor allem Via San Cesareo und Via Fusio) wimmelt es von Läden mit Schmuck, Gemmen, Korallenarbeiten, Kleinantiquitäten, be-stickter Tischwäsche und Lederwaren. In dem für den Verkehr gesperrten Zentrum können Sie abends ungestört shoppen.

STRÄNDE

Die Meereszugänge, kleine, grausandige Strände und Klippenstege am Fuß des Felsplateaus, erreicht man über steile Treppen- und Serpentinenwege. Die Ho-tels, die den Klippenrand säumen, haben Aufzüge, oder man nimmt den öffentli-chen an der Villa Comunale. Am nettes-ten ist es an der Fischersiedlung Marina Grande. Schöne Küstenstreifen mit Meer-zugang befinden sich Richtung Punta del Capo und an der Marina di Puolo.

AM ABEND

Man trifft sich auf der zentralen Piazza Torquato Tasso; der Bummel führt über den Corso Italia und durch die angren-zenden Gassen voller sommers bis in die Nacht geöffneter Geschäfte. Wer Lust auf eine Tarantellashow hat, der ist im Fauno Notte Club an der Piazza Tasso richtig. Ein ambitionierter Musikclub ist Artis Domus (Via San Nicola 56) in einer alten Villa. Zum Aperitif: Photo Food & Drink (Via Correale 19 | www.photosorrento.com).

ÜBERNACHTEN

BELLEVUE SYRENE ☆

Ein zauberhaftes Traumhotel, zentral und direkt überm Meer gelegen. 50 Zi. | Pi-azza della Vittoria 5 | Tel. 08 18 78 10 24 | www.bellevue.it | €€€

ESPERIDI RESORT

Schick gestyltes Bungalowhotel im Grü-nen mit Pool und Kochschule; im Ortsteil Sant'Agnello. 57 Wohneinheiten | Viale dei Pini 52 | Tel. 08 18 78 32 55 | www. esperidi.com | €€

SEVEN HOSTEL

Ein Hostel der neuen Generation ohne jeden Jugendherbergsmief im Ortsteil Sant'Agnello, der Circumvesuviana-Bahnhof in Gehdistanz. Komfortable Doppelzimmer, kleine Schlafsäle und Dachterrasse mit Lounge-Atmosphäre. In der Bar gelegentlich Livekonzerte. Via Iommella Grande 99 | Tel. 08 18 78 67 58 | www.sevenhostel.com | €–€€

VILLA ORIANA RELAIS ☆

Kleines Flairhotel zwischen Zitronenbäu-men im Ortsteil Sant'Agnello. 10 Zi. | Via

*Rubinacci 1 | Tel. 08 18 78 24 68 | www.
villaoriana.it | €–€€*

VILLA MARIA
Gutes Mittelklassehotel im Zentrum, mit Pool. 80 Zi. | Via Capo 8 | Tel. 08 18 78 19 66 | www.hotelvillamaria.it | €€

AUSKUNFT

*Via Luigi De Maio 35 | Tel. 08 18 07 40 33 |
www.sorrentotourism.com,   www.
sorrentotour.it*

ZIELE IN DER UMGEBUNG

MONTE FAITO ☀️ (130 C5) (ᗰ E5–6)
Auf den Gipfel des 1131 m hohen Bergs, Belvedere über die Sorrentinische Halbinsel, Wander- und Ausflugsziel, bringt

Sie eine in den Sommermonaten verkehrende *Seilbahn*. Talstation an der Circumvesuviana-Station Castellamare di Stabia. *Mai–Mitte Juni, Mitte Sept.–Okt. 9.25–16.20, Mitte Juni–Mitte Sept. 7.25–19.15 Uhr ca. alle 30 Min. | www. vesuviana.it*

PUNTA CAMPANELLA/MARINA DEL CANTONE (130 B6) (ᗰ D–E6)
Im Anschluss an das quirlige Sorrent geht es ruhig und ländlich weiter in Richtung der 14 km entfernt liegenden ☀️ Spitze der Halbinsel `INSIDER TIPP` *Punta Campanella (www. puntacampanella.org),* vorbei an *Massa Lubrense (www.massalubrense.it)* mit Ferienhotels und dem kleinen Fischerhafen *Marina della Lobra.* Hier sollten Sie den wunderschönen `INSIDER TIPP` ältesten Zitronenhain Sorrents besuchen, dazu Ver-

Capri immer im Blick: der Wanderweg von Termini zur Landspitze Punta Campanella

kauf von exzellentem *limoncello,* Marmelaladen etc.: *Azienda Limoneto Il Gesù (Via IV Novembre 26 b | Tel. 08 18 08 94 18).* Von  *Termini* wandert man bei herrlichem Weitblick auf die Kapspitze, Capri und den gesamten Golf zum Kap mit seinen Felsformationen und dem Leuchtturm *(hin und zurück ca. 3 Std. | www.italien-aktiv.info | www.giovis.it).* Dank der reichen Meeresfauna und -flora wurde die Punta Campanella zur *Area Naturale Marina,* zum Meeresschutzgebiet, erklärt. Von *Nerano* startet der Fußweg zur abgeschiedenen, besonders schönen Badebucht *Baia di Ieranto.* Der nächste Küstenort ist die beschauliche Fischersiedlung *Marina del Cantone* mit einem langen Kiesstrand, mit Ferienpensionen und zwei berühmten Restaurants: *Taverna del Capitano (Mo/ Di geschl. | Tel. 08 18 08 10 28 | www.*

tavernadelcapitano.it | €€€) direkt am Meer. Die Taverna hat auch 14 hübsche Zimmer *(€€)* direkt am Strand. Die andere erstklassige Schlemmeradresse ist das elegante *Quattro Passi (Di-Abend und Mi geschl. | Via Vespucci 13 | Tel. 08 18 08 12 71 | auch 7 Zi. | www. ristorantequattropassi.com | €€€).*

SANT'AGATA SUI DUE GOLFI

(130 B5) *(⌀ E6)*

Oberhalb von Sorrent setzt sich die Gourmettour mit noch besserer Aussicht fort: Der 9 km von Sorrent entfernte Ort *(3000 Ew.),* über eine schöne Panoramastraße (SS 145) erreichbar, blickt auf beide Golfe zugleich, den von Neapel und den von Salerno, und beherbergt das vielleicht beste Restaurant Süditaliens: die kleine, sehr feine ★ ● *Locanda Don Alfonso 1890 (Mo/Di geschl. | auch 9 Suiten | Corso Sant'Agata 11 | Tel. 08 18 78 00 26 | www.donalfonso.com | €€€).* Ein paar Schritte weiter geht es ins vergleichsweise „normale" *Lo Stuzzichino (Mi geschl. | Via Deserto 1 a | Tel. 08 15 33 00 10 | www.ristorantelostuzzichino.it | €–€€),* in dem man angenehm sitzt und gutes Slow Food speist.

Unterhalb von Sant'Agata geht es über Torca zur beschaulichen Fischerbucht  *Marina di Crapolla.* Weiter an der SS 145 in *Colli di Fontanelle* liegt die einfache, aber gute Trattoria *Stelluccia (Mi geschl. | Via Nastro Azzurro 19 | Tel. 08 18 08 35 25 | €).* Hier werden auch Vegetarier glücklich

Oberhalb Sant'Agata liegt der *Bio-Agriturismo Le Tore (8 Zi. | Via Pontone 43 | Tel. 08 18 08 06 37 | www.letore.com | €–€€),* der auch das Sterne-Restaurant Quattro Passi in Marina del Cantone mit Obst und Gemüse beliefert. Auf Wunsch wird für die Gäste gekocht – sehr gut! Vor der Haustür beginnen schöne Wanderungen. *www. santagatasuiduegolfi.it*

PAESTUM & CILENTO

Im Anschluss an die weite Ebene von Paestum mit ihren griechischen Tempeln und den schwarzen Mozzarellabüffeln schiebt sich eine bewaldete Hügel- und Berglandschaft ins Meer vor, rund 50 km breit, bis zum Golf von Policastro. In die Felsküste haben Meer, Wind und Flüsse weit herausragende Kaps, Grotten, Steinbögen sowie Strände mit feinem Sand geschliffen, dazu glasklares Wasser, in dem es sich so gut wie sonst nur vor Inseln tauchen lässt. Fischer schippern die Feriengäste zu den Badebuchten. Zugleich bietet die Cilentoküste lange Sandstrände, ideal für Familien mit Kindern. Einen Hauch von Eleganz haben Santa Maria di Castellabate und Acciaroli. In Marina di Camerota und im fast schon ein wenig mondänen Palinuro ist in der Hochsaison, wenn die Italiener Ferien machen, am meisten los. Ferienwohnungen und Hotels stehen bereit, und im Schatten von uralten Olivenbäumen liegen die Bungalows der Feriendörfer und viele Campingplätze versteckt.

Eine Alternative sind Ferienwohnungen auf Bauernhöfen, denn den Reiz des Cilento macht auch sein ländliches Hinterland aus, mit Bauerndörfern, Olivenhainen, Weingärten, Gemüsefeldern, mit Schaf- und Ziegenweiden, mit Bergen, Wäldern und Flusstälern. So kann man hier das ganze Jahr über wandern, biken und in den Trattorien einkehren.

Der Nationalpark Cilento *(www. cilentoediano.it),* dessen Hinterland mit der Bergkette Monti Alburni und dem Monte Cervati Gipfelhöhen von 1898 m

Bild: Steilküste bei Marina di Camerota

Antike Tempel und traumhafte Badebuchten: Begegnung mit griechischen Göttern, geheimnisvollen Grotten und Wasserbüffeln

erreicht, steht mit seinen Kulturschätzen wie den antiken Ruinenstätten Paestum und Velia und der grandiosen Barockkartause San Lorenzo bei Padula zudem auf der Liste des Unesco-Welterbes.

CASTELLABATE

(132 B6) *(⊞ J9)* **An der Nordspitze des Cilento gelegen, setzt sich die Gemeinde (8200 Ew.) aus drei Ortsteilen zusammen:**

Auf einer Hügelkuppe (356 m) drängt sich das alte Castellabate, in dessen beschaulichem Kern die Feriengäste von der Küste an Sommerabenden kühle Zuflucht suchen. Oder man wohnt gleich hier oben in der netten Frühstückspension *Il Castello (12 Zi. | Via Amendola | Tel. 09 74 96 71 69 | www.hotelcastello.co.uk | €–€€)*. Ein guter Tipp ist auch die *Residenz San Leo (6 Ap. | Contrada San Leo | Tel. in Deutschland 030 8 12 01 47 | www. cilentissimo.de | €)*. Um das leibliche Wohl der Gäste kümmert sich auf Wunsch

Santa Maria ist der am Meer gelegene Ortsteil von Castellabate mit Fischerhafen

eine nette Nachbarin, frische Brötchen werden jeden Morgen vom Bäcker geliefert. Jede Menge guter Tipps gibt es extra dazu. Die beiden anderen Gemeindeteile, ● *Santa Maria di Castellabate* und *San Marco,* liegen mit ihren Fischerhäfen unten am Meer, an den Sandstränden der Bucht hin zur traumhaften Landspitze ☀ *Punta Liçosa* im Süden.

Im Zentrum Santa Marias am sandigen Strandhafen trifft man sich abends zum Bummel unter dem alten, trutzigen Palazzo der Adelsfamilie Perrotti. Auch wohnen kann man direkt am Strand, entweder in dem kleinen Traumhotel *Villa Sirio (21 Zi. plus 16 Zi. in der modernen Dependance | Lungomare De Simone 15 | Tel. 09 74 96 01 62 | www.villasirio.it | €€€)* mit elegantem Restaurant, beliebt für romantische Hochzeitsfeiern, oder im schlichteren *Grand Hotel Santa Maria (April–Okt. | 65 Zi. | Via Velia 15 | Tel. 09 74 96 10 01 | www.grandhotelsantamaria.it | €€–€€€)* – größtes Plus: die Lage direkt über dem Sandstrand. Essen können Sie im auch von Slow Food hoch gelobten, gepflegten Restaurant 🐌 *La Taverna del Pescatore (Mo und Winter geschl. | Via Lamia | Tel. 09 74 96 82 93 | €€).* Direkt am Meer liegt die in duftendes Grün gebettete Ferienanlage *Trezene (Tel. 09 74 96 50 27 | www.trezene.com | €)* mit 40 Bungalows, Chalets und eigenem Strand mit Spiel-, Sport- und Ausflugsangeboten. Mit guter Fischküche empfiehlt sich das familiengeführte *Hotel-Ristorante Da Carmine (15 Zi. | Via Pozzillo 10 | Tel. 09 74 96 61 91 | www.albergodacarmine.it | €–€€)* direkt über der schönen Sandbucht von *Ogliastro* im Süden Castellabates.

Der Cilento ist berühmt für seine *fichi bianchi.* Die besten getrockneten Feigen, gefüllt mit kandierten Zitronenschalen und Mandeln, gibt es im Ortsteil *Santa Maria* in der *Enoteca Casaburi (Corso Matarazzo 52).* Antonio Casaburi, der ausgezeichnet Deutsch spricht, hält für seine Kunden auch jede Menge guter Cilento-Reisetipps bereit.

ZIELE IN DER UMGEBUNG

KÜSTENORTE

Jeder Ort an der Küste hat seinen eigenen Charakter: Städtisch-quirlig präsentiert sich *Agropoli* (132 B5) (*m J8*) zum Meer hin mit seiner Hauptmeile Corso Garibaldi voller Läden und Cafés. Wer möchte, kann in die verwinkelte ☀ Altstadt über einen langen Treppenweg hinaufklettern, mit einem Kastell und phantastischem Weitblick bis nach Capri. Zu Agropolis Stränden gehört 2 km südlich die beliebte Strandbucht *Baia di Trentova*. Auf der Halbinsel zwischen der Baia di Trentova und Santa Maria di Castellabate kann man herrlich wandern. Hungrig geworden? In Agropoli essen Sie richtig gut: wunderbar die Käseauswahl, allen voran der sahnige Büffelmozzarella im *La Veranda (Mo, Juli/Aug. auch mittags geschl. | Via Piave 38 | Tel. 09 74 82 22 72 | €–€€)* oder die köstlichen gefüllten Tintenfische im rustikal-eleganten Feinschmeckerrestaurant *Il Ceppo (Di geschl. | Via Madonna del Carmine 31 | Tel. 09 74 84 30 44 | www. hotelristoranteilceppo.com | €€)* am Ortsrand mit kleinem, nettem Hotel *(20 Zi. | €)* gegenüber. Kosten Sie doch einen der lokalen Spitzenweine, z. B. von *Barone, Maffini*, der traumhaft gelegen *Azienda San Giovanni* oder von *De Conciliis*! Magnet für sommerheiße Diskonächte mit herrlichem Panorama über das Meer ist ☀ *New Carrubo (www.newcarrubo.it)* vor den Toren Agropolis.

Nach der Landspitze Punta Licosa folgt **INSIDER TIPP** *Acciaroli* (134 A4) (*m J10*) mit stattlichen Steinhäusern direkt am Meer und am Hafen mit großer Fischereiflotte, zu der sich im Sommer die Yachten betuchter Neapolitaner gesellen. Am Strand steht das besonders hübsche Hotel *Stella Marina (April–Okt. | 12 Zi. | Via Nicotera 137 | Tel. 09 74 90 47 25 | www. stellamarinahotel.com | €€).*

Oberhalb von Acciaroli geht es nach ☀ *Pollica* mit phantastischer Fernsicht auf die Cilentoküste. Ein kulinarischer Tipp in den Hügeln ca. 12 km landein-

---

⭐ **Punta Licosa**
Das Sirenen-Kap bei Castellabate lädt zu ausgedehnten Küstenwanderungen ein → S. 88

⭐ **Steilküste von Marina di Camerota**
Traumhafte Badebuchten und Grotten an felsiger Küste, am besten kombiniert bei einer Wanderung mit Bootsfahrt zu erleben → S. 89

⭐ **Paestum**
Die besterhaltenen Tempel der Griechen, die lebendigsten Fresken der Antike – und danach frischer Büffelmozzarella → S. 91

⭐ **Grotta di Castelcivita**
Nicht die schlechteste Schlecht-Wetter-Alternative: die vielleicht spektakulärste Höhlen im Karst des Cilento → S. 93

⭐ **Bootstouren**
Urlaubsträume werden war: Relaxt mit dem Boot zu phantastischen Meeresgrotten und anschließend Grillpicknick am Strand → S. 95

⭐ **Certosa di San Lorenzo**
Die Kartause von Padula umschließt den größten Kreuzgang der Welt und wurde von der Unesco zum Weltkulturerbe bestimmt → S. 96

MARCO POLO HIGHLIGHTS

wärts in *San Mauro Cilento* ist *Al Frantoio (im Sommer tgl. geöffnet, sonst Mo–Fr geschl. | Ortsteil Ortale | Tel. 09 74 90 32 39 | €)* der *Cooperativa Nuova Cilento (www. cilentoverde.com)*, die eines der besten 🌱 Bioolivenöle Kampaniens produziert. Das angeschlossene Restaurant serviert authentische Regionalküche.

Weiter an der Küste folgt das dörfliche *Pioppi* mit Kiesstrand und Klippen. Der *Palazzo VincIprova (Juni–Mitte Sept. Mi– Mo 9.30–12.30 und 18–22, Mitte Sept.– Mai 9.30–12.30 und 15–19 Uhr | Via Caracciolo 146)* aus dem 17. Jh. beherbergt ein sehenswertes Meeresmuseum und eine Ausstellung zur Mittelmeerküche. Bestechend ist die Lage direkt am Strand des Familienhotels *La Vela (50 Zi. | Via Caracciolo 96 | Tel. 09 74 90 50 25 | www.lavelapioppi.com | €–€€)* mit eigenem sommerlichem Restaurant. Eine sichere Adresse für authentische Cilento-Küche ist auch **INSIDER TIPP** *La Caupona (Okt.–Mai nur Sa, So | Via Caracciolo | Tel. 09 74 90 52 51 | €–€€)*. Die Besitzerin kannte den amerikanischen Ernährungswissenschaftler Ancel Keys, den Vater der „mediterranen Diät" und langjährigen Wahlbürger Pioppis, noch persönlich.

Die Kiesstrände von Acciaroli und Pioppi zählen zu den saubersten der Region und wurden wiederholt von der Umweltorganisation Legambiente ausgezeichnet.

Wer gern an einem Hafen sitzt, um fangfrischen Fisch zu essen, dem sei im Nachbarort *Marina di Casal Velino* **(134 B4)** *(⊠ K10)* das Hotelrestaurant *Il Porto–La Morgana (14 Zi. | im Winter Di geschl. | Via Angelo Lista 42 | Tel. 09 74 90 77 44 | www.hotelilporto.com | €–€€)* empfohlen. In den Hügeln oberhalb Casalvelinos liegt der Reiterhof **INSIDER TIPP** I Moresani *(Località Moresani | Tel. 09 74 90 20 86 | www.agriturismoimoresani.com | €–€€)* mit zehn schönen Gästezimmern und einer von Slow Food gelobten Küche. Die Zutaten stammen frisch aus eigener Produktion und Gäste können an Kochkursen teilnehmen. Wer nicht reiten mag, kann sich professionelle Räder ausleihen. Routenvorschläge gibt es gratis dazu.

PUNTA LICOSA ⭐ 〰️
(132 A6) *(⊠ H9)*

Leucosia, eine der drei Sirenen, wartete auf dieser bergigen, mit grüner Macchia bedeckten Landspitze mit der winzigen, vorgelagerten Isola Licosa auf Odysseus. Landschaftlich wunderschön laufen die Anhöhen zum Meer hin in Felder und Olivenhaine aus, eine bäuerliche und zugleich naturwilde Landschaft zum Wandern. Taucher und Schnorchler hingegen schätzen die felsige Küste.

In *Ogliastro Marina* gibt es ein paar kleine Hotels – einfach, aber mit Flair – direkt am Meer mit sehr ordentlichen Zimmern und besonders schmackhafter Lokalküche, so *Il Cefalo (8 Zi. | Tel. 09 74 96 30 19 | www.ilcefalo.it | €)* und *Da Carmine (13 Zi. | Via Provinciale | Tel. 09 74 96 30 23 | www.albergodacarmine.it | €–€€)*. Von

Ogliastro geht es durch einen Pinienhain an den ☀️ Strand der Landspitze. Sollte der Zugang von Ogliastro aus mal wieder gesperrt sein, können Sie eine ebenso schöne Wanderung zum Kap mit der davorliegenden gleichnamigen Leuchtturm-Insel vom Hafen San Marco di Castellabate aus starten.

MARINA DI CAMEROTA

(135 D6) (*M11–12*) **Die Straße von Palinuro bohrt sich durch Felsvorsprünge, flankiert helle, freie Strände mit feinem Sand, während landeinwärts die bewaldeten Berge ansteigen.**

Vor Marina di Camerota (2300 Ew.), zusammen mit Palinuro das Ferienzentrum des südlichen Cilento, werden die Campingplätze und Feriendörfer im Schatten von Olivenbäumen und Pinien immer zahlreicher. Zu den Naturschönheiten zählt die ⭐ ☀️ *Steilküste von Marina di Camerota* zwischen der Punta degli Infreschi im Süden und Capo Palinuro mit ihren in den Stein gegrabenen Buchten sowie zahlreichen Grotten. Eine Grotte am *Mingardo*-Strand beherbergt die stimmungsvolle Sommerdisko *Il Ciclope*.

Nur per Boot oder nach langem Fußmarsch erreichbar: Baia degli Infreschi

ESSEN & TRINKEN

LA CANTINA DEL MARCHESE

Man sitzt zwischen Fässern köstlichen Weins und lässt sich Salami, Schinken und Käse aus den Bergen schmecken. Am Wochenende Gerichte lokaler Küche, wie man sie sonst kaum mehr serviert bekommt: eine Institution. *Mittags und im Winter Mo–Fr geschl. | Via del Marchese 15 | Tel. 09 74 93 25 70 | www.lacantina delmarchese.com | €*

INSIDER TIPP **IL PIRATA DI PORTO INFRESCHI**

In der zauberhaften Baia degli Infreschi *(zu Fuß ca. 2–2,5 Std , ansonsten mit den Booten, die in die Badebuchten bringen, ca. 10 Euro)* sitzt man an Holztischen im Schatten, aus der Küche in einer Grotte kommen gegrillte *gamberoni*, Fischsuppe, Spaghetti mit frischen Sardellen, alles sehr gut. *Nur Juni–Mitte Sept. mittags (€), abends auf Bestellung reiches Fischmenü inkl. Bootstransfer (€€€) | Tel. 33 35 91 74 13*

MARINA DI CAMEROTA

FREIZEIT, SPORT & STRÄNDE

☆ Auf alten Maultierpfaden führen Wanderungen in die Berge und Wälder im Hinterland, durch die reiche Flora des Cilento, zu der die nur hier im März/April vorkommende *primula palinuri* gehört, eine einzigartige Primelart und Symbol des Nationalparks. Oder man wandert über die ☆ Felsküste mit ihrem einmaligen Panorama. Lassen Sie sich vom kenntnisreichen Nationalparkführer Giacomo Ciociano begleiten, der schöne, Touren anbietet: *Assitur (Via Bolivar 17 | Tel. 09 74 93 27 98 | www. assitur.com)*. Die Wanderung von *Marina di Camerota* zur paradiesischen *Porto degli Infreschi*-Bucht (ca. 2–2,5 Std. einfach) ist markiert und lässt sich mit etwas Orientierungsgeschick gut finden. Der bezeichnete Einstieg liegt am westlichen Ende des schönen *Lentiscelle*-Strands auf Höhe einer Grotte. Idealerweise kann man die Tour mit einer Bootsfahrt kombinieren. Ausflugsboote bringen Sie zu den in wunderbaren Farben schillernden Meeresgrotten, und im Sommer verkehren regelmäßig Boote (ca. 10 Euro) zu den nur vom Meer aus oder über lange Fußwege zu erreichenden Badebuchten, im Hafen stehen entsprechende Infokioske. Ausfahrten mit Fischgrillen am Strand, tagsüber oder – besonders stimmungsvoll – nachts, organisiert die Fischergenossenschaft *Cooperativa Cilento-Mare* am Hafen *(Tel. 09 74 93 29 78 | www. coopcilentomare.com)*.

Bei Tauchern beliebt sind die Unterwassergrotten *(www.divingcamerota.it)*. Eine der Tourismusagenturen, die geführte Wanderungen, Ausflüge, Bootstouren, Unterkünfte, Mietwagen etc. vermitteln, ist *Agenzia Infante Viaggi e Turismo (Via Nazario Sauro 65 | Tel. 09 74 93 29 38 | www.agenziainfanteviaggi.it)*.

Marina di Camerota verfügt über eine Reihe von Traumstränden. Nach Westen zieht sich kilometerlang ein Dünenstrand in Richtung *Capo Palinuro*, unmittelbar westlich des Ortes liegt die schöne *Calanca*-Bucht und östlich des Hafens erstreckt sich die sandige *Spiaggia Lentiscelle*

ÜBERNACHTEN

HOTEL AMERICA

Helles, ansprechendes Hotel in einem gepflegten Garten mit Pool, zentral gelegen. *54 Zi. | Via Bolivar 84 | Tel. 09 74 93 21 31 | www.americahotel.it | €*

CALANCA

Sympathische Familienpension mit gutem Essen, zentral und direkt am Meer beim schönen Sandstrand Calanca. Ganzjährig geöffnet, auch Vermietung von elf neuen Ferienwohnungen. *20 Zi. | Via L. Mazzeo 60 | Tel. 09 74 93 21 28 | www. hotelcalanca.com | €*

HAPPY VILLAGE

Das größte, bestausgestattete (Segel-, Tauch- und Surfunterricht, Wellnessbereich) und vielleicht auch schönste Feriendorf (Bungalows) in altem Olivenhain an hübscher Badebucht, geöffnet von Mai bis September. *257 Ap. | Cala d'Arconte | Tel. 09 74 93 23 26 | www. happyvillage.it | €€–€€€*

AUSKUNFT

Via Porto 27 (am Hafen) | Tel. 09 74 93 29 00 | www.prolococamerota.it

ZIELE IN DER UMGEBUNG

CAMEROTA ☆ (135 D6) (⊞ M11)

Die alte Siedlung im Landesinnern (10 km) liegt malerisch auf einer Bergkuppe. Im Sommer findet hier jeden Mittwochabend *(18–24 Uhr)* ein Hand-

werksmarkt statt mit typischen Produkten der Gegend wie Tonkrügen, Keramik, Körben, Geschnitztem aus dem Holz von Oliven- und Johannisbrotbaum. Eine rustikale Pizzeria-Trattoria mit tollem Ausblick ist das ☀ *Al Castello (Mo geschl. | Piazza Castello | Tel. 09 74 93 50 09 | €).* Im Dorf *Licusati* oberhalb von Camerota bietet ein stattlicher Renaissancepalazzo

(Mo geschl. | Tel. 09 73 60 37 06 | €–€€). Sapri liegt am Golf von Policastro an der Grenze zur Region Basilikata, die hier mit der Küste von Maratea beginnt, einem weiteren, besonders reizvollen Küstenflecken Süditaliens. Auf dem ☀ Weg nach Sapri, einer schönen Tour mit herrlichen Ausblicken auf die Berge der Basilkata und Kalabriens, liegt das verträumte

Einladende Strände, sauberes Wasser und kampanische Küche – all das gibt's in Sapri

eine charmant-altmodische Unterkunft, auf dem nahen zugehörigen Bauernhof kann man essen: *Palazzo Crocco (6 Zi. | Largo Crocco | Tel. 09 74 93 70 14 | www. palazzocrocco.it | €–€€).*

SAPRI (135 F5) (⋒ N11)
Sympathischer, 36 km entfernter Küstenort (7000 Ew.) mit guten Stränden, sauberem Wasser sowie kampanischer Bauernküche an der zentralen Piazza Plebiscito: *'A Cantina i Mustazzo (Mi geschl. | Tel. 09 73 60 40 10 | www.cantina mustazzo.com | €)* und *Cantina r'u Ranco*

Küstendorf **INSIDER TIPP** *Scario* mit seiner hübschen Dorfkirche auf der Piazza und einer einladenden Meerespromenade. Scario besitzt keine Strände in Ortsnähe. Das macht nichts, Boote pendeln zu den schönsten Buchten, die sich entlang der wilden Steilküste *Costa della Masseta* öffnen.

PAESTUM

(132 B4) (⋒ J8) ⭐ **Nachts im Scheinwerferlicht wirken die Tempel in ihrer**

Besterhaltener von drei Tempeln:
Neptun-Tempel (Tempio di Nettuno)

Perfektion wie die Kulisse eines Hollywoodschinkens, und bei Tageslicht liefern die Cilento-Berge eine würdevolle Kulisse.

Was man im 18. Jh. aus wuchernder Vegetation herauszuschälen begann, entpuppte sich als Zentrum einer großen Stadt griechischer Gründung (6. Jh. v. Chr.) und römischer Kolonisierung (3. Jh. v. Chr.): drei gewaltige, er-

staunlich gut erhaltene Tempel, Reste des Amphitheaters, der Agora (des griechischen Versammlungsplatzes) und des Forums (des römischen Versammlungsplatzes) sowie dicke Festungsmauern aus dem 5. Jh. v. Chr.

SEHENSWERTES

MUSEO ARCHEOLOGICO NAZIONALE

Das sehenswerte Museum zeigt, was die Tempelstadt einst schmückte: Steinreliefs, Terrakottastatuen, bemalte Grabplatten und ein sensationeller Fund: die *tomba del tuffatore,* auf deren Steindeckelgemälde ein Mann von einem Turm in ein Becken springt, der symbolische Sprung vom Leben in den Tod, heute das allgegenwärtige Logo Paestums. *Tgl. 9–18.30 Uhr, 1. und 3. Mo im Monat geschl. | Via Magna Grecia 167*

TEMPEL

Von den drei Tempeln im dorischen Stil, die man sich einst bunt angemalt und mit Steinmetzverzierungen vorstellen muss, ist der schönste und besterhaltene der sogenannte *Tempio di Nettuno.* In der gewaltigen Basilika zur Linken wurde Hera verehrt. Unter den Römern bekam sie ein neues Dach und einen neuen Kult, den der Juno, der römischen Entsprechung der griechischen Hera. Der letzte, nördliche Tempel war Athene geweiht, wie beim Tempel gefundene Votivfigürchen mit Helm und Schild bezeugen. Von den weitläufigen Wohnsiedlungen im Westen der Anlage sind die Grundmauern einiger römischer Villen freigelegt. *Tgl. 9 Uhr–1 Std. vor Sonnenuntergang*

ESSEN & TRINKEN

NONNA SCEPPA

Gefüllte Artischocken, Deftiges vom Schwein, interessante Fischgerichte,

Kichererbsen und Meeresschnecken: beste Traditionsküche in diesem großen, lebhaften Lokal mit schöner Terrasse nahe den Tempeln. *Do und im Winter abends geschl. | Contrada Laura 53 | Tel. 08 28 85 10 64 | www.nonnasceppa.com | €€*

RISTORANTE MUSEO

Seit Jahrzehnten bodenständige, anständige Küche zu fairen Preisen. Direkt neben dem Archäologischen Museum. *Mo geschl. | nur mittags | Via Magna Graecia 921 | Tel. 08 28 81 11 35 | www.ristorante museo.it | €*

TENUTA SELIANO

Unweit der Tempel bei Capaccio liegt dieses geschmackvolle Landgut mit ausgezeichneter Lokalküche auf Bestellung – lohnend auch für einen längeren Aufenthalt (auch 14 Zimmer und Pool). *Tel. 08 28 72 36 34 | www.agriturismoseliano.it | €–€€*

EINKAUFEN

Die Ebene von Paestum ist das Herzland des sahnigen, flockigen Büffelmozzarellas. In Gehegen mit Tümpeln sieht man die großen, schwarzen Wasserbüffelkühe. Überall längs der Staatsstraße 18 Richtung Battipaglia gibt es Verkaufsstellen, eine bewährte Adresse ist die ☺ Biokäserei *Caseificio Vannulo (Via Galileo Galilei 10 | Capaccio Scalo | www.vannulo.it).* Kaufen und in allen Varianten kosten kann man Biomozzarella auch im Gutshof `INSIDER TIPP` *Fattoria del Casaro (Via Licinella 5 | Tel. 08 28 72 27 04 | www.lafattoriadelcasaro.it | €)* mit schönem Garten nahe den Tempeln.

Neben Touristensouvenirs der etwas geschmackvolleren Art verkauft der *Bazar Cerere (Via Magna Graecia 849 | www.*

bazarcerere.com) auch alte Stiche und archäologische Fachpublikationen.

ÜBERNACHTEN

SCHUHMANN

Angenehmes Hotel mit eigenem Strand, umgeben von einem Pinienwald. *53 Zi. | Laura | Via Laura Mare 1 | Tel. 08 28 85 11 51 | www.hotelschuhmann.com | €€–€€€*

VILLA RITA

300 m von der antiken Stadt ein sorgfältig eingerichtetes, kleines Hotel mit Pool im Grünen. *19 Zi. | Tel. 08 28 81 10 81 | www.hotelvillarita.it | €–€€*

ZIELE IN DER UMGEBUNG

GOLE DEL CALORE (133 D5) (*ᗰ L8*)

Die kleine Schlucht des Fiume Calore beim rund 50 km landeinwärts gelegenen Ort Felitto ist ein Wanderparadies mit erfrischenden Badegelegenheiten. Start- und Endpunkt des ausgeschilderten Rundwegs ist die *Località Remolino.* In der gleichnamigen `INSIDER TIPP` Trattoria *(Mo geschl. | Tel. 08 28 94 53 60 | €)* kann man sich hier für wenig Geld an hausgemachter Pasta und gebratenen Hähnchen satt essen. Im August ehrt der Ort Felitto die berühmteste Nudel des Cilento mit einem großen Fest: *Sagra del Fusillo (www.prolocofelitto.it).*

GROTTE DI CASTELCIVITA ★ ● (133 D3) (*ᗰ L7*)

Im Karst der Monti Alburni bei Castelcivita 25 km im Landesinneren tut sich tief im Tal des Calore diese spektakuläre Tropfsteinhöhle auf, mit 4 km Tiefe die wohl größte und abwechslungsreichste der vielen Höhlen im Cilento. *Führungen April–Sept. tgl. 10.30, 12, 13.30, 15, 16.30 und 18 Uhr, März, Okt. 10.30, 12, 13.30 und 15 Uhr | www.grottedicastelcivita.it*

PALINURO

(134 C6) (ℳ L11) Palinuro hieß der Steuermann des Äneas, und hier am Kap, in reißender Brandung und zerrenden Winden, ging er zugrunde. Vergil beschreibt es im Epos Äneis.

Der Mythos greift reale Gegebenheiten auf: Tatsächlich müssen die Winde um das Kap Seefahrern aller Zeiten zu schaffen gemacht haben. Von einem bedeutenden, über 2000 Jahre alten Stützpunkt, zeitgleich zur großen Griechenstadt Velia, zeugen die Siedlungsreste von La Molpa im Süden des Kaps auf der felsigen, steilen Anhöhe (hier auch Ruine eines mittelalterlichen Kastells). Eine kurze ✺ Wanderung führt hinauf, die allein wegen des atemraubenden Weitblicks lohnt. Velia und La Molpa sind untergegangen, Palinuro (1800 Ew.) dagegen ist heute ein quirliges Sommerferienzentrum. Um Palinuro und Capo Palinuro findet man herrliche Strände, etwa *Baia del Buondormire, Spiaggia della Marinella* oder *Cala del Cefalo.*

AZIENDA AGRITURISTICA SANT'AGATA ✺

Bauernhof in den Hügeln in herrlicher Panoramalage. Schmackhafte Küche (im Sommer, nur auf Bestellung) vom Hof, aus Wald und Meer, dazu sieben Zimmer, zwei Cottages und Zeltplätze. *Contrada Sant'Agata | Tel. 09 74 93 17 16 | www.agriturismosantagata.it | €*

DA CARMELO

Das Traditionsrestaurant Palinuros. Im gleichen Haus geschmackvolle Ferienwohnungen und Hotelzimmer. *Mo geschl. | Ortsteil Isca delle Donne | Tel. 09 74 93 11 38 | www.dacarmelo.it | €€*

AZIENDA AGRITURISTICA ISCA DELLE DONNE

Bauernküche des Cilento mit viel selbst Erzeugtem: Gemüse, Salami, Käse, Honig, Wein und Olivenöl. Man sitzt hübsch ländlich. *Juni–Sept. tgl., sonst Sa/So | Centola-Palinuro | Tel. 09 74 93 18 26 | www.iscadelledonne.com | €*

Den berühmten Cilentohonig aus den Blüten des Baumerdbeerbaums, den aromatischen *miele di corbezzolo,* gibt es im nahen *San Mauro la Bruca:* **INSIDER TIPP** *Azienda Agricola Prisco* (mit 6 Zi. und Mahlzeiten | Contrada Valle degli Elci | Tel. 09 74 97 41 53 | www. agriturismoprisco.it).

Das Felsentor *Arco Naturale* am Capo Palinuro ist ein Blickfang

FREIZEIT & SPORT

BOOTSTOUREN ⭐

Bootsverleih, Bootsausflüge zu Badebuchten in herrlichen Felsszenarien, zu denen man nur vom Meer gelangt, sowie zu den spektakulären Grotten – blau, silbern, blutrot – im Kalkfelsen des Kaps von Palinuro und zu den schönsten Stränden oder eine nächtliche Tour mit Grillfest am Strand organisiert z. B. *Cooperativa Palinuro Porto (im Sommer Infokiosk am Hafen | www.palinurocoop.com)*

ÜBERNACHTEN

LA CONCHIGLIA 🌀

Familiär geführtes Vier-Sterne-Hotel. Gute Küche mit frischen lokalen Produkten. Gästefahrräder gratis, überhaupt wird Service großgeschrieben. Die Besitzer engagieren sich für nachhaltigen Tourismus. Gäste können bei der Olivenernte helfen. *30 Zi. | Via Indipendenza 52 | Tel. 09 74 93 10 18 | www.hotellaconchiglia.it | €€*

VILLAGGIO DEGLI OLIVI

Weiße Bungalows im maurischen Stil zwischen Oleander, Bougainvillea und Olivenbäumen; Tauchkurse, Sand- und Felsstrand. *Okt.–Mai geschl. Corso Pisacane 171 | Tel. 09 74 93 85 01 | www.villaggiodegliolivi.it | €€*

AUSKUNFT

Adressen von Kooperativen, die Wanderungen und Touren veranstalten: *Piazza Virgilio 1 | Tel. 09 74 93 81 44.* Vermittlung von Unterkünften sowie organisierte

Touren zu den Sehenswürdigkeiten im Hinterland: *Cilento Viaggi | Via Acqua dell'Olmo 248 | Tel. 09 74 93 13 62 | www. cilentoviaggi.com*

ZIELE IN DER UMGEBUNG

CERTOSA DI SAN LORENZO, TEGGIANO UND GROTTA DI PERTOSA

Kurve um Kurve geht es ins Bergland hinein, bis sich die Straße zu strecken beginnt und schließlich nach rund 60 km in den *Vallo di Diano* einmündet, die weite, von Bergen gefasste Ebene des Flusses Tanagro voller Felder. Beim besuchenswerten Städtchen *Padula* (135 F2) (*☐ O8*) liegt die 1300 gegründete ★ *Certosa di San Lorenzo (Mi–Mo 9–19 Uhr),* die größte Kartause Italiens. Im 17. Jh. bekam sie ihre Weitläufigkeit in elegantem Barock: Fresken und Holz- und Perlmuttintarsien schmücken Kapellen und Kirchen, Majolika die einladende Küche. Heute steht die Kartause unter Unesco-Schutz, 350 000 Menschen besuchen sie jährlich.

In ihren Gemäuern ist auch das *Museo Archeologico della Lucania Occidentale* mit Funden aus dem Cilento untergebracht. Im Sommer finden hier Theateraufführungen und Konzerte und ab September **INSIDER TIPP** renommierte Ausstellungen zeitgenössischer Kunst statt. In der Kartause findet sich auch die Touristeninformation *(www.comune. padula.sa.it).*

Vor den Toren des Klosters bekommen Sie in der einfachen Trattoria *Do'Ngiulino (Fr geschl. | Viale Certosa | Tel. 0 97 57 73 35 | €)* zartes gegrilltes Lamm und einen wunderbar satten, schwarzroten Landwein. Und für die Nacht stehen die Pforten eines **INSIDER TIPP** stimmungsvollen, mit Fresken und Mosaiken geschmückten Palazzos im Kern Padulas offen: *Villa Cosilinum (24 Zi. | Corso Garibaldi | Tel. 09 75 77 86 15 | www.villacosilinum.it | €€)* mit Restaurant. Padula ist bekannt für sein ausgezeichnetes Hartweizenbrot. Eine der besten Adressen ist die

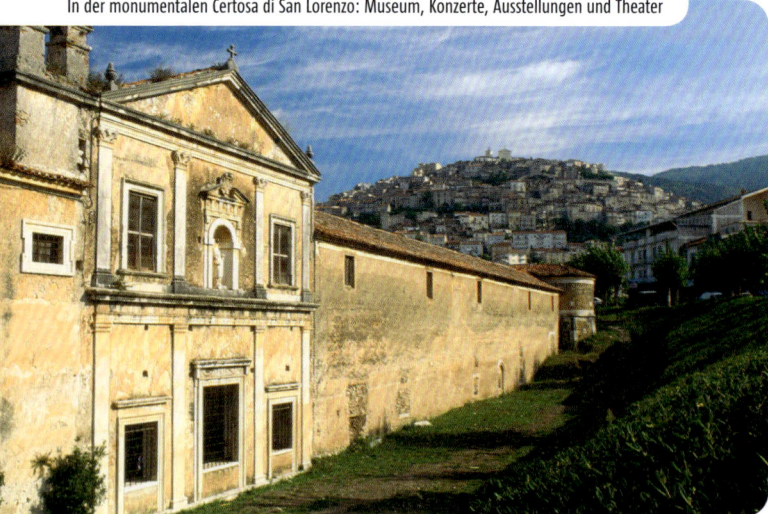

In der monumentalen Certosa di San Lorenzo: Museum, Konzerte, Ausstellungen und Theater

INSIDER TIPP ▶ *Slow-Food-Bäckerei L'Antico Forno* (Mo–Sa von früh bis spät | Via Nazionale 325 | Tel. 0 97 57 46 08) am km 80,500 der SS 19 unterhalb des Ortes. Weiter gen Nordwesten geht es in das reizvolle alte Städtchen ☀ *Teggiano* (135 E2) (*N8*) mit restauriertem Kastell und zahlreichen sehenswerten Kirchen. Die rührige Tourismuskooperative *Parádhosis* (Tel. 09 75 79 99 30 | www.paradhosis.it) bietet Führungen an, als Anlaufstelle dient das *Museo Diocesano* (Di–So 10–13 und 15–18 Uhr | Piazza Valentino Vignone). Das kleine Naturkundemuseum *Museo delle Erbe* (Mo–Sa 9–13 und 15–18 Uhr | Piazza della SS. Pietà) auf Höhe der Chiesa di San Francesco führt ein in die mittelalterliche Kräuterheilkunde und in die für ihre Zeit fortschrittliche Erkenntniswelt der Medizinschule von Salerno (in Salerno lohnt der Besuch des *Giardino della Minerva, siehe S. 75*). Es können Bachblütenpräparate, aromatisierte Essige und Ölessenzen erworben werden. Bei einem Teller frisch zubereiteter Pasta kann man sich in der *Locanda dei Baroni* (Mo geschl. | Via Castello | Tel. 09 75 58 73 09 | www.locandadeibaroni. eu | €) stärken, freundliche Zimmer bietet direkt nebenan das Hotel *La Congiura dei Baroni* (10 Zi. | Via Castello 4 | Tel. 097 57 90 44 | www.lacongiuradeibaroni. it | €). Über das 20 km weiter nördlich gelegene Polla gelangen Sie zur *Grotta di Pertosa* ((133 F23) (*M7*), März bis Okt. tgl. 9–19, Nov.–Feb. 9–16 Uhr | www.grottedellangelo.sa.it), eine weitere spektakuläre Tropfsteinhöhle. Ein unterirdischer Fluss grub sie. Per Boot geht es hinein in die bizarre Zauberwelt.

INSIDER TIPP ▶ **PISCIOTTA** ☀
(134 B5) (*L11*)
Noch malerischer wäre dieser Weiler auf einer Bergkuppe am Meer ohne die Straßenbetonpfeiler, die den ersten Eindruck trüben – doch in der autofreien Altstadt können Sie in vier geschmackvollen ☀ Ferienwohnungen mit herrlichen Ausblicken wohnen: *Casa Pixos* (Via Canto del Gelso 22 | Tel. 09 74 97 37 92 | www.casapixos.it | €€). Geradezu luxuriös ist das charmante Hotel *Marulivo* (11 Zi. | Via Castello | Tel. 09 74 97 37 92 | www.marulivohotel. it | €–€€) in den restaurierten Gemächern eines mittelalterlichen Klosters zu Füßen des Kastells. Für Gäste werden Bootsausflüge organisiert sowie Koch- und Keramikkurse angeboten.
In der Umgebung liegen auch einige Bauernhöfe mit gutem Essen und Ferienunterkünften, z. B. *Principe di Vallescura* (8 Zi., 1 Apartment | Ortsteil Vallescura | Via Marina Campagna | Tel. 09 74 97 30 87 | www.principedivallescura.com | €) oder die *Locanda del Fiume* (14 Zi. | Via Fiori | Tel. 09 74 97 38 76 | www.amachina.it | €–€€) in einer alten Mühle mit elegant-ländlichen Zimmern und Pool.
Zum Ort gehören ein kleiner Bahnhof (für den Zug von Salerno) und eine Fischersiedlung am Meer, die auf den Fang von Sardellen *(alici)* spezialisiert ist. Diese bekommt man köstlich zubereitet z. B. im ☯ Slow-Food-*Ristorante Angiolina* (April–Okt. tgl. | Via Passariello 2 | Tel. 09 74 97 31 88 | €) am Meer.

VELIA (134 B4) (*K10*)
Jenseits von Ascea liegen die eindrucksvollen Ruinen von Velia, einst eine bedeutende griechische Hafenstadt. Die weitläufige Ausgrabungsstätte mit Resten der Akropolis, Theater, Thermen, Wohnbauten und der *Porta Rosa*, dem einzigen perfekt erhaltenen griechischen Torbogen aus dem 4. Jh. v. Chr., umfasst ein doppelt so großes Gelände wie Paestum. *Tgl. 9 Uhr–1 Std. vor Sonnenuntergang*

AUSFLÜGE & TOUREN

Die Touren sind im Reiseatlas, in der Faltkarte und auf dem hinteren Umschlag grün markiert

1 UM CASERTA: ANTIKE MYTHEN UND NEUZEITLICHER PRUNK

Um Caserta und Capua, im nördlichen Hinterland Neapels in der Volturnoebene, liegt eines der geschichtsträchtigsten Gebiete Süditaliens mit faszinierenden Sehenswürdigkeiten. Zu einigen davon führt die hier vorgeschlagene Route von knapp 60 km Länge. Ausgangs- und Endpunkt ist Capua (von Neapel in einer guten Stunde zu erreichen). Mit ausreichend Zeit für Besichtigungen sollten Sie einen vollen Tag einplanen.

Im Norden Neapels erstreckt sich die flache, ungemein fruchtbare Ebene des Flusses Volturno zwischen der Meeresküste und der eindrucksvollen Kulisse der karstigen Bergkegel des kampanischen Apennins. Hier siedelten und bekriegten sich Etrusker, Römer, Samniten, Langobarden und Normannen an strategischer Stelle für den Zugang zum Süden. Dank des Klimas und der Vulkanerde von jeher der Gemüsegarten Kampaniens, fasziniert auch heute noch die üppige, satte Vegetation, obschon sie an vielen Stellen von beispiellos hässlicher Zersiedlung beeinträchtigt wird.

Das sollte Sie nicht abschrecken, schon wegen der beeindruckenden Spuren der alten Kulturlandschaft, aber auch, weil es immer noch Oasen gibt, etwa den idyllischen Hain aus Apfelsinen- und Zitronenbäumen auf dem gepflegten ☺ **INSIDER TIPP** Landgut der Familie Pasca di Magliano am Fluss Volturno

Ein Tagesausflug zum monumentalen Schloss von Caserta und eine Entdeckungstour durchs bergige Hinterland des Cilento

bei Capua (1 km nordwestlich Richtung Brezza). Mit seinen fünf Gästezimmern, fünf Apartments, gutem Essen, selbst gemachten Obst- und Gemüsekonserven und Schwimmbad ist es ein ideales Basisquartier *(Masseria Giò Sole | Capua | Via Giardini 31 | Tel. 08 23 96 11 08 | www. masseriagiosole.com | €–€€)*.

In **Capua → S. 47**, eine römische Gründung an der Via Appia und einst Hauptstadt eines langobardischen Fürstentums, heute eine lebhafte Kleinstadt mit barocken Fassaden im Kern, lohnt der Besuch des **Museo Campano** mit seiner ungewöhnlichen Sammlung vorrömischer Kunst- und Kultgegenstände. 4 km südöstlich liegt das noch ältere Capua etruskischer Gründung, heute **Santa Maria Capua Vetere → S. 47**, in römischer Zeit eine der wichtigsten Städte ganz Italiens. In seinem gut erhaltenen **Amphitheater** gab es eine berühmte römische Gladiatorenschule (Spartakus!).

Nach 6 km (alles gut ausgeschildert) erreicht man durch Siedlungsgewirr die Provinzhauptstadt **Caserta** (78 000 Ew.), die von der riesigen **Schlossanlage** *(Mi–Mo 8.30–19 Uhr)* der Bourbonen beherrscht wird. Die neapolitanischen Könige des 18. Jhs. träumten von einem „Versailles des Südens", von arkadischer Natur und üppigen Jagdgründen. 1751 war es so weit: Bourbonenkönig Karl III. hatte beim alten Bischofssitz Caserta

die grandiose Schlossanlage als Kulisse für einen seiner Star-Wars-Filme.

In den königlichen Gemächern in spätbarocker Pracht können Sie die große, lebendige, typisch neapolitanische Krippe aus dem 18. Jh. bewundern, vor die die Bourbonenkönige Weihnachten feierten, sowie die verklärenden Gemälde

Im 18. Jh. ließen sich Neapels Bourbonenkönige in Caserta ihr „Versailles des Südens" bauen

Vecchia den Flecken für seine „Reggia" ausgemacht. Von 1752 bis 1773 baute der berühmte italoflämische Baumeister Luigi Vanvitelli an dieser Alternative zum Stadtpalast in Neapel. Es entstand ein prunkvoller, überdimensionaler Fremdkörper, damals mitten in schlichtem, einsamem Bauernland, heute im geschäftigen Treiben des modernen Caserta. Auf seinen weitläufigen 44 000 m² Grundfläche mit 1200 Räumen (darunter der in Gold ausgeschlagene Thronsaal) und dem enormen Treppenhaus mit seinem Perspektivenspiel verlieren sich 1,5 Mio. Besucher im Jahr. Georg Lucas diente

des deutschen Hofmalers Jacob Philipp Hackert, die Bibliothek und schließlich (auch getrennt zu besichtigen) die **INSIDER TIPP** *Sammlung Terrae Motus*: Werke zeitgenössischer internationaler Künstler wie Jannis Kounellis, Joseph Beuys, Gilbert & George und vieler anderer zum Thema Erdbeben in Süditalien 1980.

Hinter dem Schloss steigt die kilometerlange, schmale **Parkanlage** *(Mi–Mo 8.30 Uhr–2 Std. vor Sonnenuntergang)* an, eine Folge von wohl geordneten Alleen und in großen Becken abgestuften Wasserkaskaden. Es wirkt, als schlüge sie eine „zivilisierte" Bresche in die wildwüchsigen Wälder und ersten rauen Berge im Norden Casertas. Im hinteren Teil des Parks überrascht der exotische, hochromantische englische Garten. Wer nicht laufen will, fährt mit Bussen, Fahrrädern oder Pferdekutschen durch den Park. Zur Parkanlage des Schlosses gehört auch der imposante Aquädukt vom Hofarchitekten Luigi Vanvitelli, der die Kaskadenterrassen mit Wasser aus den Bergen versorgt. Anschließend lohnt ein Abstecher nach **Maddaloni** im Südosten Casertas, wo man den gewaltigen, begehbaren Aquädukt **Valli di Maddaloni** vor sich sieht.

Zurück in Caserta geht es nordöstlich über eine gewundene Straße durch bäuerliche Landschaft die Anhöhen hinauf ins malerische **Caserta Vecchia**, ins alte Caserta (ca. 10 km), einen gut erhaltenen, mittelalterlichen Weiler langobardischer Gründung auf den ersten Berganhöhen mit tollem Blick auf die Ebene, den Vesuv und den Dunst oder die Lichter Neapels. Das Auftauchen der Bourbonen, die Errichtung des Schlosses und der Neustadt Caserta in der Ebene verursachten vor 200 Jahren den Niedergang des alten Caserta, das einst sogar Bischofssitz war. Heute ist Caserta Vecchia ein belebtes und beliebtes Ausflugsziel mit dem eindrucksvollen **Dom** (1153) in arabisch-normannischer Romanik aus graubraunem Lavatuff mit wunderschönem Turm, mit einladenden Trattorien, Cafés und Läden mit verspieltem Kunsthandwerk. Der Slow-Food-Tipp am östlichen Rand des Orts verspricht sorgfältige Lokalküche: **Gli Scacchi** (Mo geschl. | Via San Rocco 1 | Tel. 08 23 37 10 86 | €€). In der ersten Septemberwoche verwandelt sich der Ort in einen Schauplatz von Tanz-, Theater- und Musikveranstaltungen (www.settembrealborgo.it).

Weiter durch die Berge führt ein gewundenes Sträßchen auf die SS 87, eine schöne Landschaftsstrecke zwischen Caserta und Sant'Angelo in Formis bzw. Capua. Hier stößt man auf **San Leucio,** die einst hochberühmte königliche **Seidenmanufaktur** mit ihrer frühindustriellen Arbeiterreihensiedlung **Quartiere San Carlo.** Heute kann man die restaurierten königlichen Anlagen besichtigen, den **Complesso Monumentale Belvedere San Leucio** (Mi–Mo tgl. Führungen 9–16.30 Uhr) mit einem Industriemuseum zur Seidenherstellung, einem Barockgarten und einem tollen Panorama über die Ebene Casertas. Im `INSIDER TIPP` *Antico Opificio Serico De Negri* (Mo–Fr 9–12 und 15–18, Sa 9–12 Uhr | Piazza della Seta 7 | www.aosdiesanlencio.it) werden noch immer an alten, handbetriebenen Webstühlen kostbare Stoffe gewebt. Ein recht feines Lokal mit gepflegter kampanischer Küche ist die **Antica Locanda** (So-Abend und Mo geschl. | Piazza della Seta 8/10 | Tel. 08 23 30 54 44 | www.ristoranteantica locanda.com | €–€€).

Von hier geht es weiter hinauf nach **Sant'Angelo in Formis** → S. 47 zu den wunderbaren Fresken in der Basilika in herrlicher Lage (6 km). Zurück nach Capua sind es dann nur noch 5 km.

2 DURCH DEN KARST DES CILENTO

Eine Tour durchs Landesinnere mit karstigen Kalkbergen, die sich mal schroff und abrupt erheben, mal von Wäldern bedeckt zu den Flussebenen abfallen, zu den Monti Alburni mit zwei besonders schönen Tropfsteinhöhlen. Schließlich geht es zur imposanten Barockkartause von Padula. Für die insgesamt rund 300 km bis zum Endpunkt in Teggiano sollten Sie mit Besichtigungen zwei Tage einplanen; wenn Sie unterwegs eine Bergwanderung unternehmen wollen, sind aber drei Tage das Minimum.

Hinter **Eboli** mit einem beschaulichen Stadtkern und den Resten der normannischen Klosteranlage **San Pietro alli Marmi** geht es von der SS 91 auf die SS 19 ins vegetationsreiche Flusstal des Sele. Ein Abstecher (8 km) führt nach **Persano** mit bourbonischem Jagdschlösschen (heute Militärschule) und WWF-Naturoase.

Auf der SS 19 geht es auf 600 m ins malerische, schön gelegene **Sicignano degli Alburni** mit Kastellruine. Die Weiterfahrt führt ins Tanagrotal unter der Autobahn hindurch zurück auf die SS 19 nach **Pertosa** zur gleichnamigen berühmten **Tropfsteinhöhle → S. 96**. Wer sie in Ruhe besichtigen will, kann im ordentlichen

Per Boot zu besichtigen: die spektakuläre Tropfsteinhöhle Grotta di Pertosa

Familienhotel **Zi Marianna** *(7 Zi. | Via Muraglione 9 | Tel. 09 75 39 70 44 | www. hotelzimarianna.com | €)* mit gutem Restaurant *(Winter Mo geschl.)* übernachten. Vom nahen **Polla** aus (in der hoch gelegenen Altstadt die Kirche **Sant'Antonio di Padova** mit reichem Bilderschmuck aus dem 17. Jh.) können Sie tags darauf die **INSIDER TIPP** landschaftlich schöne Bergstrecke nach **Sant'Angelo a Fasanella** nehmen. Hier besucht man die beeindruckende, frühmittelalterliche **Grottenkirche San Michele**, die sich aus mehreren Grotten voller Altäre zusammensetzt, mit Bildern und Fresken aus dem 14./15. Jh. Ein guter Ausgangspunkt für Wanderungen in die Berge sowie für den Besuch der eindrucksvollen Tropfsteinhöhle von **Castelcivita → S. 93** ist das freundlich im Grünen gelegene Landhaus *Antico Casolare (5 Zi. | Via Piano del Suvero | Castelcivita | Tel. 08 28 77 29 85 | www.anticocasolare.com | €).*

Von hier geht es weiter über Bellosguardo und ● **INSIDER TIPP** *Roscigno Vecchia*, ein altes Dorf, einst verlassen und heute pittoreskes Ausflugsziel, vorbei am Bergort **Piaggine**. Hier beherrscht der **Monte Cervati** die Landschaft, ein von Wanderwegen erschlossenes Berggebiet. Im Dorf **INSIDER TIPP Valle dell'Angelo** verbirgt sich eine der interessantesten Adressen im Landesinneren. Die **Locanda dell'Angelo** *(3 Zi. | Piazza Canonico Jannuzzi 2–3 | Tel. 09 74 94 20 08 | www. confusimafelice.it | €)* mitten im kleinen Ort bietet einfache Unterkunft und einen sehr herzlichem Empfang, darüber hinaus stehen weitere Gästezimmer in restaurierten Altstadthäusern zur Verfügung. Den weitesten Umweg lohnt die dazugehörige, inzwischen auch von Slow Food entdeckte ☺ **Osteria La Piazzetta** *(kein Ruhetag)*. Selten bekommt man Cilento-Küche so raffiniert serviert. Die Zutaten stammen aus eigenem Anbau

Glaubensstätte der Bergbauern und Hirten: Sanktuarium Madonna di Novi Velia

oder von lokalen Bauern. Peppe und Ali versorgen ihre Gäste außerdem mit den besten Tipps für schöne Verdauungswanderungen.

Mit dem Wallfahrtsort ☽ **Madonna della Neve** unterhalb des Gipfels (nur zu Fuß zu erreichen) und dem noch bedeutenderen Sanktuarium ☽ **Madonna di Novi Velia** beim heiligen Berg Monte Sacro, auch Monte Gelbison genannt, konzentrieren sich hier die traditionellen Glaubensstätten der Bergbauern und Hirten des Cilento. Von **Novi Velia** aus führt eine Straße durch dichte Wälder hinauf auf 1500 m (7 km), die restlichen 200 m zur Kirche (15. Jh.) geht man dann zu Fuß. Wahlweise kann man oberhalb Novi Velia aus dem Torna-Tal auch dem schönen alten Pilgerweg zu Fuß folgen.

In **Massa** an der Abzweigung nach Novi Velia lädt **La Chioccia d'Oro** (Fr geschl. | Tel. 09 74 70 00 4 | www. chiocciadoro.com | €) mit gutem, preiswertem Essen ein.

Wer von Vallo della Lucania hinunter ans Meer möchte, biegt von der SS 18 auf die SS 447 a gen Süden, eine rund 50 km lange, gewundene und landschaftlich sehr schöne Bergfahrt. Unsere Route führt weiter durch den Naturpark Cilento: über Laurito, Rofrano und Sanza, alles Ortschaften, von denen aus Wanderungen auf den Monte Gelbison oder den Monte Cervati starten, ins Vallo di Diano. Vom Abstecher in den Thermalkurort **Montesano sulla Marcellana** führt ein Sträßchen direkt nach **Padula** zur großen Barockanlage der **Certosa di San Lorenzo → S. 96**. Deren Mönche sollen im 15. Jh. die Trockenlegung der Sumpfebene Vallo di Diano vorangetrieben haben, eine fruchtbare Agrarlandschaft, auf die man einen phantastischen Blick von der reizvollen Kleinstadt ☽ **Teggiano → S. 97** hat – mit Kastell, zahllosen Kirchen (sehenswert die Fresken in San Pietro und San Francesco) und stattlichen Gebäuden aus dem Mittelalter. Standesgemäß übernachtet man hier im edlen **Hotel Antichi Feudi** (13 Zi. | Via San Francesco 2 | Tel. 09 75 58 73 29 | www. antichifeudi.com | €–€€). Die Besitzer haben dem alten Baronspalast neues Leben eingehaucht.

SPORT & AKTIVITÄTEN

Bewegungshungrige können allein schon bei einem Bummel durch Positano ganz schön ins Schwitzen geraten: Steile Treppen führen auf und ab durch den Ort.

Doch im Ernst: Auch wenn es hier unten im knallheißen, eher gemächlichen Süden nicht ganz so sportfanatisch zugeht wie im Norden, etwa an der oberen Adria um Rimini: Auch am Golf von Neapel und im Cilento gibt es eine ganze Menge Angebote für Sportler und Tatendurstige. Typische Strandsportarten wie Beachvolleyball sind an den breiten Sandstränden von Paestum, Marina di Ascea, Marina di Camerota und Palinuro im Cilento möglich. Sie gehören auch zum Angebot vieler Campingplätze und Bungalowanlagen, die direkt am Strand liegen.

Die klassischen Wassersportarten wie Segeln und Surfen werden überall längs der Küste praktiziert. Gute Surfspots sind Cetara, Paestum, Agropoli, Marina di Casal Velino, Palinuro. Und für Taucher gibt es absolute Highlights mit reicher Flora und Fauna vor allem an Felsgrotten unterhalb der Meeresoberfläche. In jüngster Zeit erfreuen sich auch Ausfahrten mit den Fischern wachsender Beliebtheit, die Italiener nennen das *pescaturismo*.

Für Ausflüge in die Natur, zu Fuß, mit dem Rad oder auf dem Pferderücken erweist sich besonders der wildromantische Cilento als ideal, Naturreisenanbieter haben die Berglandschaft längst in ihr Programm aufgenommen (z. B. *www. cilento-ferien.de*, *www.italimar.com*, *www.wandernitalien.com*, *www.wikin*

Bild: Wanderer in Frassitelli auf Ischia

Paradies (nicht nur) für Taucher. Auf dem Pferd, dem Mountainbike, im Kanu oder zu Fuß geht es durchs wildromantische Cilento

ger-reisen.de, www.blue-soul.de). Verkehrsarme, gut ausbaute Straßen machen den Cilento für Rennradfahrer zu einem Mallorca ohne Rummel. Eine Topadresse ist der Radshop *Ciclidea* (km 90 der SS 18 | Tel. 08 38 72 35 64 | www.ciclidea.eu) in Capaccio Scalo. Pino Giovinal spricht Deutsch und ist mit vielen Tipps behilflich. In den Fremdenverkehrsämtern hilft man gerne mit Kontaktadressen von Fahrradvermietern, Reitställen und Wanderführern weiter. Für den sportlichen Cilentourlaub ist das

vom Nationalpark Cilento empfohlene Buch „Cilento aktiv" des MARCO POLO Autors Peter Amann eine unerschöpfliche Fundgrube: Hier finden Interessierte Wanderungen, MTB-Routen, Adressen von Reitställen, Bootsverleihern, Bergführern, Tauchschulen, Paragliding und vieles mehr.

GLEITSCHIRMFLIEGEN

Eine Toplocation für Drachen- und Gleitschirmflieger liegt nur wenige Autominuten von den antiken Tempeln von Paestum entfernt an den Hängen des Monte Soprano. Tagsüber entwickelt sich ein starker Aufwind aus S-SW. Bereits wenige Minuten nach Start erreicht man Höhen von 650 bis 700 m. Start- und Landeplätze zeigt die Website *www.tappetivolanti.com*. Der Club *Parapendio Le Streghe (www.parapendiolestreghe.it)* bietet Kurse und touristische Flüge im Zweisitzer an.

KAJAK

Wem nach zu viel Meer der Sinn nach frischem, kühlem Süßwasser in wildromantischer Berglandschaft steht, der kann im Cilento an Kajakfahrten durch die Schluchten des Calore teilnehmen, am besten bei Felitto. Das Flusstal ist eine Naturoase und Habitat des italienischen Fischotters *(www.escursioninelcilento.135.it)*.

Kajak- und Raftingtouren sind auch auf Calore, Sele oder Tanagro möglich *(www.campobase.org, www.tpescursioni.it)*. Perspektivenwechsel aufs Meer: Sehr reizvoll sind Küstenkajak-Fahrten an der Amalfitana *(www.amalfikayak.com)* oder im Cilento *(www.italykayaktours.com)*.

PESCATURISMO

Das ist wirklich etwas Besonderes: Auf der Sorrentinischen Halbinsel und im Cilento bieten Fischer Urlaubern die Möglichkeit, bei ihren Fangausfahrten mitzufahren – `INSIDER TIPP` *pescaturismo* nennt sich das: z. B. von *Vico Equense* mit der *Cooperativa Pescatori San Francesco di Paola* oder von *Marina della Lobra* bei Sorrent mit der *Cooperativa Ulixes*. Und von *Marina di Camerota* (Infokiosk am Hafen) fährt *Ciro Cammarano (Tel. 34 74 18 24 02)*, besser bekannt als Capitan Dominic Antò, mit typischen Holzbooten zum nächtlichen Tintenfischfang aus.

REITEN

Im Cilento lassen sich herrliche Ausflüge auf dem Pferderücken unternehmen, längs der Strände, in die mediterrane Macchia, vor allem aber in den lauschigen Laubwäldern, auf den Hochebenen des Vallo di Diano oder durch Flusstäler, etwa des Mingardo und des Calore. Manche Bauernhöfe im Landesinnern, die Ferienunterkünfte anbieten, halten auch Pferde für ihre Gäste bereit. *www.cilentohorseriding.com*

TAUCHEN

Die Küste Kampaniens einschließlich der Inseln ist ein Traumgebiet für Taucher, entsprechend viele Tauchschulen in den Ferienorten verleihen Ausrüstung und bieten Touren an. Besonders geschätzt sind die Ausläufer der Sorrentinischen Halbinsel: der Parco Marino der Punta Campanella und die Klippenspitze Punta del Capo. Neben vielerlei Meeresgetier und einer reichen Unterwasserflora finden sich in den Tauchgründen auch eine den Seefahrern gewidmete Madonnenfigur (beim Hafen von Massa Lubrense) und ein Passionsweg des Christus auf 15 Keramiktafeln (von Sorrent Richtung Punta del Capo). Besonders eindrucksvoll sind `INSIDER TIPP` unterirdische Grotten wie die Tropfsteinhöhle Grotta dello Zaffiro bei der Punta Campanella an der Spitze der Halbinsel von Sorrent. Eine gute Adresse hier ist *Diving Nettuno (c/o Villaggio Nettuno | Marina del Cantone | Tel. 08 18 08 10 51 | www.divingsorrento.com)*. Auch an der Amalfiküste kann man überall abtauchen, ein Tauchcenter folgt aufs nächste.

Die `INSIDER TIPP` von Grotten durchlöcherte Küste des Cilento ist für Taucher ideal, vor allem die Felsküsten bei Marina di Camerota, bei Palinuro und der

Halbinsel Capo Palinuro mit den roten Korallenbänken am Riff Capo Spartivento, die Klippen bei Acciaroli und die Landzunge Punta Licosa bei Castellabate. In Palinuro eine Adresse von vielen: *Palinuro Sub Diving Center | Via Porto und Hotel Tre Caravelle | Tel. 09 74 93 85 09 | www.palinurosub.it*

Ein ganz besonderes Unterwassererlebnis bietet das Tauchen in ● Baia bei Neapel: Da taucht man zwischen den Resten der einst prachtvollen Sommervillen der alten Römer, z. B. mit *Centro Sub Campi Flegrei (Via Napoli 1 | Pozzuoli | Tel. 08 18 53 15 63 | www.napolidivingcenter.it).*

WANDERN

In Kampanien gibt es eine ganze Reihe schöner Wandergebiete. Eines davon ist die Insel Ischia mit dem Monte Epomeo, ein weiteres sind die Monti Lattari *(www.parcodeimontilattari.de)* mit dem Monte Faito, die sich von der Sorrentinischen Halbinsel ins Landesinnere ziehen. Im Rücken der Amalfiküste laden eine ganze Reihe von Wegen, oft ehemalige Maultierpfade, zum Wandern ein. Häufig sind sie steil und steinig, aber dafür belohnen sie mit herrlichen Weitblicken. Schließlich der Cilento, dessen größtes Kapital seine unberührte, vom Tourismus noch wenig entdeckte Berglandschaft ist: Hier lohnen Kammwanderungen über das Karstgebirge der Monti Alburni oder hinauf auf den Monte Cervati, oder Sie wandern auf den Monte Sacro bzw. Gelbison mit seinem bedeutenden Madonnenheiligtum. Die Fremdenverkehrsämter helfen mit Routenbeschreibungen und Adressen von Wanderorganisationen. Gute Websites mit Wanderbeschreibungen, Tipps und Kontakten sind *www.italienwandern.de, www.italien-aktiv.info, www.cilento-aktiv.info* oder *www.giovis.com.*

Kaum eine Region Italiens ist für Taucher so attraktiv wie Kampanien

MIT KINDERN UNTERWEGS

Auf einer Ferienreise, die an so faszinierende Plätze führt wie in die quirlige Hafenstadt Neapel, an die halsbrecherische und zugleich malerische Felsküste von Amalfi, auf den mächtigen Vulkan Vesuv und in den südlichen Cilento mit seiner abgeschiedenen Berglandschaft mit Wäldern, Grotten und traumhaften Sandstränden, gibt es eine Menge, was Kinder (und nicht nur die) spannend finden.

Wie wäre es etwa mit einem Bummel über die „brennenden Felder", die *Campi Flegrei*, wo in der Solfatara bei Pozzuoli Schlammfelder dampfend kochen und es aus Erdlöchern schwefelstinkend zischt und blubbert? Ganz schön aufregend ist auch der Blick in den Vulkanschlund des *Vesuvs* (tgl. 9 Uhr–2 Std. vor Sonnenuntergang | 8 Euro, Kinder 5 Euro | *www.guidevesuvio.it*), nach einem Spaziergang an den Kraterrand, wo aus dem Lavaschotter bisweilen Rauchfahnen aufsteigen.

Nach Neapel fährt man mit Kindern am besten an einem Sonntag: Da ist die Uferpromenade *Lungomare Caracciolo* nämlich von frühmorgens bis zum Nachmittag für den Autoverkehr gesperrt, es herrscht neapolitanischer Familienrummel, und Jugendliche ziehen auf Inlineskatern ungestört über den Asphalt. Wochentags herrscht chaotischer Verkehr, die Bürgersteige — wenn vorhanden — sind zugeparkt, und durch die immerhin verkehrsberuhigte Altstadt flitzen die Vespas. Für Familien mit Kleinkindern, womöglich im Kinderwagen, ist das nichts.

Bild: Steilküstenweg auf der Sorrentinischen Halbinsel

Schlammfelder blubbern, es stinkt nach Schwefel, Rauchfahnen am Kraterrand: Der Vesuv ist besser als jeder Vergnügungspark

Wenn Ihre Kinder schon in einem Alter sind, in dem sie sich für (altes) Handwerk interessieren, sollten Sie unbedingt das Museum über Papierherstellung in Amalfi besuchen. Auch der alten Bauern- und Handwerkswelt des Cilento – wie man Olivenöl, Wolle, Schuhe, Hant herstellt – kann man nachspüren: in kleinen, liebevoll ausgestatteten Dorfmuseen, z. B. in *Moio della Civitella,* in *Montecorice,* in *Roscigno Vecchia* oder in *Teggiano.* Beeindruckend ist auch ein Ausflug in die Unterwelt Neapels *(Napoli Sotterranea),* in die Höhlen, Keller, Zisternen, Tunnel unterhalb der Stadt. Und wer sich gern gruselt, sollte die Katakombenfriedhöfe mit echten Skeletten besuchen.

Ideal für Reisen mit Kindern ist die Cilentoküste mit ihren weiten, sauberen Sandstränden; auf den Bauernhöfen im Hinterland gibt es Tiere und Familienanschluss *(agriturismo),* die Hotels und Ferienanlagen an der Küste bieten Sportaktivitäten und im Juli, August, wenn die Italiener kommen, jede Menge Kinderanimation.

Attraktionen: rauchende Felder in Solfatara – nördlich davon ein Naturparadies

ACQUARIO E STAZIONE ZOOLOGICA ANTON DOHRN (U B5) (*C b5*)

In rund 30 Becken schwimmen und schlängeln sich viele Arten Meeresgetier, Algen und sonstige Meeresflora. Das Aquarium liegt zudem sehr schön in Meernähe im beschaulichen, gepflegten Stadtpark Villa Comunale zwischen den Uferpromenaden Via Caracciolo und Riviera di Chiaia. *Nov.–Feb. Di–Sa 9–17, So 9–14, März–Okt. Di–Sa 9–18, So 9–19.30 Uhr | Eintritt 1,50 Euro, Kinder bis 12 Jahre 1 Euro | www.szn.it*

CRATERE DEGLI ASTRONI

((128 C5) (*C C4*)

Auf der Fahrt nach Pozzuoli durch die vielerorts ziemlich zersiedelte Landschaft würde man hier, nördlich der Stadtautobahn und der rauchenden Felder der Solfatara, nie dieses Naturparadies vermuten: Auf 2,5 km² hat sich innerhalb der Mulde eines erloschenen Vulkans diese Wildlandschaft aus Macchia, Kastanien, Steineichen und einem Kratersee voller Wasservögel erhalten. Zum Herumstreunen und Lauschen. *Tgl. 10–16.30 Uhr | Stadtautobahn Tangenziale, Ausfahrt Agnano | www.wwf.it*

INSIDER TIPP MAGIC WORLD

(128 C4) (*C C3*)

Der große, moderne Vergnügungspark in Giugliano, 15 km nordwestlich von Neapel, wartet mit vielfältigen Spielattraktionen auf, im Sommer mit einem Wasserspaßareal mit Wellenbad, Schwimmbädern, Wasserrutschen und Flüssen – die aufwendigste Erlebnisanlage Süditaliens. *Juni–Aug. tgl. 10–22, April, Mai, Sept., Okt. Sa 16–22, So 10–22 Uhr | Eintritt Sa/So und Aug. 18 Euro, Kinder* bis 1,50 m 15 Euro, bis 1 m frei, Mo–Fr 14 Euro, Kinder bis 1,50 m 14 Euro, bis 1 m frei, jeweils ab 14 Uhr reduzierter Eintritt | Giugliano, Ortsteil Masseria Vecchia | Via San Nullo | www.magicworld.it

INSIDER TIPP MUSEO VIVO DI CITTÀ DELLA SCIENZA (128 C5) (⊞ C4)

Am westlichen Stadtrand auf dem Weg nach Pozzuoli kommen Sie vorbei an der Bucht von Bagnoli, der Schwerindustriezone Neapels, heute stillgelegt und auf dem Weg, in ein Freizeit- und Kulturzentrum verwandelt zu werden. Hier ist ein interessantes, hypermodernes Wissenschaftsmuseum in den riesigen Werkshallen eröffnet worden, in dem sich interaktiv vieles über das Funktionieren unserer Welt erfahren lässt: Wie der Kosmos arbeitet, wie Blitze entstehen, wie es in unserem Körper aussieht. Auch eine Sektion für kleine Kinder. Di–Sa 9–17, So 10–19 Uhr | Eintritt 7,50 Euro, 3–18 Jahre 5,50 Euro | Via Coroglio 104 | www.cittadellascienza.it

HERCULANEUM & POMPEJI

Damit der Besuch von Pompeji mit Kinderwagen (nur geländegängige Wagen sind geeignet!) nicht zur Tortur gerät, empfiehlt die Altertümerverwaltung (www.pompeiisites.org) einen kürzeren Rundgang ab dem Eingang Piazza Anfiteatro. Schlauen Kindern fällt sicher einiges ein, um ihren Eltern zu einem neuen Blick auf Pompeji & Co. zu verhelfen. Anregungen bieten Bücher, wie z. B. „Das Leben der Kinder in Pompeji" aus dem Knesebeck Verlag.

Technikbegeisterte fasziniert der (vielleicht etwas überteuerte) Besuch im Virtuellen Museum MAV (Di–So 9–17.30 Uhr | Via IV. Novembre 44 | www.museomav.it | Erwachsene 7,50 Euro | Kinder 6 Euro) in Ercolano.

CAPRI, ISCHIA, PROCIDA

WHALEWATCHING
(128 A–B 5–6) (⊞ A–B5)

Seit 2008 existiert das Meeresschutzgebiet um die Inseln Ischia und Procida, doch selbst viele Einheimische wissen nicht, dass hier Delphine und bis zu 20 m lange Finn- und Pottwale gesichtet werden können. Durch den Golf von Neapel zieht sich eine der wichtigsten biologischen Nahtstellen zwischen nördlichem und südlichem Mittelmeer – hier begegnen sich zahllose Arten. Die Non-Profit-Organisation Delphis bietet von Juni bis Oktober ab Casamicciola Tagesfahrten mit dem schon 1930 vom Stapel gelaufenen Segelkutter Jean Gab an, dem Forschungsschiff des Instituts. Auch einwöchige Segeltörns werden organisiert. Tel. 34 95 74 99 27 | www.oceanomaredelphis.org, www.nettunoamp.org

PAESTUM & NATIONALPARK CILENTO

BOOTSAUSFLÜGE MIT PICKNICK
(134 135 C–D6) (⊞ L–M 11–12)

Von den Badeortschaften an der Cilentoküste, allen voran von Marina di Camerota und Palinuro aus, starten in den Sommermonaten die Fischer mit ihren Booten und schippern die Urlauber die Küste entlang zu den Badebuchten mit ihren bizarren Felsformationen, vor allem aber zu den wunderbaren Meeresgrotten. Zu den Ausflügen gehört oft auch ein Picknick am Strand, zu dem die Fischer frischen Fisch grillen. Ein ganz besonderes Erlebnis für Jung und Alt sind Nachttouren unterm Sternenhimmel. Die Bootstouren lassen sich oft mit Küstenwanderungen kombinieren. Auskunft und Buchung in den Häfen | www.cilento-aktiv.info/index.php?id=179

EVENTS, FESTE & MEHR

Botti, botti, sempre botti – Knaller, Knaller, immer Knaller – ist das Motto der Neapolitaner, ganz gleich, was es zu feiern gibt: Höllenlärm zu Weihnachten, Silvester, zum Fest des Schutzpatrons und wenn der Fußballverein Napoli gewinnt; dazu überall improvisierte Straßenmärkte mit Knallern und Raketen.

OFFIZIELLE FEIERTAGE

1. Jan. *(Capodanno)*; **6. Jan.** *(Epifania)*; **Ostersonntag und -montag** *(Pasqua* und *Pasquetta)*; **25. April** Befreiung vom Faschismus *(Liberazione)*; **1. Mai** *(Festa del Lavoro)*; **2. Juni** Tag der Republik *(Proclamazione della Repubblica)*; **15. Aug.** *(Ferragosto)*; **1. Nov.** *(Ognissanti)*; **8. Dez.** Mariä Empfängnis *(Immacolata Concezione)*; **25. Dez.** *(Natale)*; **26. Dez.** *(Santo Stefano)*

FESTE & VERANSTALTUNGEN

OSTERN

In der ▶ *settimana santa* ziehen vielerorts ▶ *Prozessionen* durch die Straßen, die eindrucksvollsten am Karfreitag auf Procida und in Sorrent. Am Ostermontag fahren die Familien raus zum Picknick an den Strand, in den Wald, auf die Wiese.

Am Ostermontag wird in der Wallfahrtskirche Sant'Anastasia (eindrucksvolle **INSIDER TIPP** **Sammlung von Votivbildern**, eine Chronik des Unglücks von Piratenüberfällen des 16. Jhs. bis zu heutiger Drogenabhängigkeit) nahe Pomigliano d'Arco am Fuß des Vesuvs beim ▶ *Lunedì in Albis* die **INSIDER TIPP** *Madonna dell'Arco* gefeiert, mit Volksauflauf und den weiß gekleideten, ekstatisch-frommen Pilgergruppen *fujenti*.

MAI

▶ *Maggio dei Monumenti:* An den Wochenenden öffnen in Neapel und Umgebung Villen, Klöster, Paläste, Kirchen, Gärten für Kunstevents.
Ende Mai findet eine Woche lang die traditionelle Segelregatta ▶ *Regata dei Tre Golfi* bei Capri statt.

JUNI

▶ ★ *I Gigli* in Nola bei Neapel: Acht riesige, bunte Türme tanzen am Sonntag nach dem 22. Juni auf den Schultern der Mitglieder der alten Handwerksgilden durch die Gassen.
Am 24. feiert man ▶ ★ *San Giovanni Battista* (Johannes den Täufer) in Buonopane auf Ischia. Auftakt ist am Vorabend der symbolische Schwerttanz *'ndrezzata.*

Laut, bunt und lebhaft: Religiöse Inbrunst und lärmende Begeisterung prägen den Festkalender

Das ambitionierte Avantgardefestival ▶ ★ ● *Napoli Teatro Festival Italia* (www.teatrofestivalitalia.it) bespielt einige der interessantesten Stätten in der Stadt und am Golf, so z. B. den gigantischen Bau des Real Albergo die Poveri, den man sonst nur von außen zu Gesicht bekommt.

Am 27. Juni lässt Amalfi bei der ▶ *Festa di Sant'Andrea* seinen Patron zu Wasser und zu Lande hochleben.

JUNI, JULI, SEPTEMBER

▶ *Festival Musicale di Ravello* (www.ravelloarts.org): seit Wagner Ort musikalischer Leidenschaften, reiches Konzertprogramm.

ENDE JUNI/ANFANG JULI

▶ *Leuciana Festival* (leucianafestival. com): in Capua, Caserta und San Leucio, der bourbonischen Seidenstadt, Theater, Ballett, Konzerte; am letzten Juniwochenende historisches Fest der Seidenspinner.

ENDE JULI

▶ *Neapolis* (www.neapolis.it): Openairfestival mit hochkarätigen Rockstars in der Arena Flegrea in Fuorigrotta/Neapel.

JULI–SEPTEMBER

▶ *Una Provincia in Jazz* (www. circuitojazz.it): Jazzfestivals in Neapel und der gesamten Provinz.

AUGUST

▶ *Ferragosto*, der Höhepunkt des Italienischen Sommers am 15. Aug., ist überall und für alle ein Fest.

▶ *La Notte del Mito:* In der Grottendisko Il Ciclope bei Marina di Camerota wird Ende August eine phantastische Party in mythologischen Kostümen gefeiert.

SEPTEMBER

Um den 8. (Mariä Geburt) viele ▶ *Marienprozessionen;* außerdem der Monat der ▶ *Schlemmerfeste* (Wein, Kastanien etc.).

ICH WAR SCHON DA!

Drei User aus der MARCO POLO Community verraten ihre Lieblingsplätze und ihre schönsten Erlebnisse

NEAPEL GENIESSEN

Preisgünstig und schnell erreicht man von der Galleria Umberto per Zahnradbahn (Funicolare Centrale) und einem kleinen Fußmarsch das Castel Sant´Elmo. Dort kann man durch die alten Räume, die ein Museum beherbergen, schlendern. Wir sind früh hinaufgefahren, um der Mittagshitze zu entkommen, da es hier kein Café oder ähnliches gibt. Zur Mittagszeit fuhren wir deshalb wieder zurück und entspannten uns bei einem leckeren Kaffee im Café *Intra Moenia (Piazza Bellini 70)*. Das literarische Café bietet auch Bücher zum Verkauf an. Zu späterer Stunde gibt es hier sogar Livemusik. **Rochi31 aus Wolfenbüttel**

MARKT VON AMALFI

In leuchtenden Farben erstrahlen die Peperonis, die an den Marktständen in Amalfi angepriesen werden. Diese befinden sich rund um den Dom des heiligen Andreas – direkt am Hafen – und auch an der Via Lorenzo d´Amalfi. Außerdem sollte man die leckeren Zitronenfrüchte und die aus ihnen gewonnenen Spirituosen probieren. **Berliner aus Berlin**

LA MAGNOLIA

Als eine zentrale Übernachtungsmöglichkeit in der Nähe der Piazza Tasso in Sorrent kann ich das Bed-&-Breakfast *La Magnolia (Viale Caruso 14)* empfehlen. Am Abend wird die Piazza zur Fußgängerzone, sodass man in einem der Straßencafés den Abend gemütlich ausklingen lassen konnte. **ReiseResi aus Kornwestheim**

Haben auch Sie etwas Besonderes erlebt oder einen Lieblingsplatz gefunden, den nicht jeder kennt? Gehen Sie einfach auf www.marcopolo.de/mein-tipp

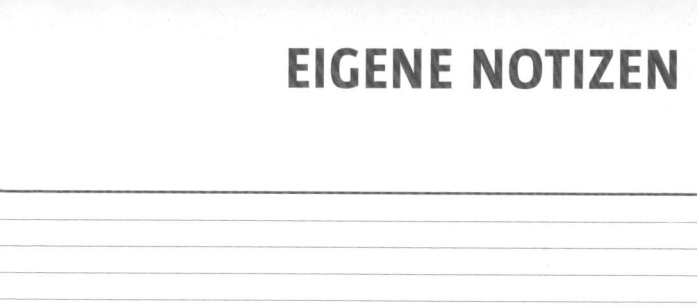

EIGENE NOTIZEN

LINKS, BLOGS, APPS & MORE

LINKS

▶ www.marcopolo.de/golfvonneapel Alles auf einen Blick zu Ihrem Reiseziel: Interaktive Karten inklusive Planungsfunktion, Impressionen aus der Community, aktuelle News und Angebote ...

▶ www.cilento-aktiv.info Private Site, die viel Wissenswertes über den Cilento verrät. Einige der vorgeschlagenen Touren lassen sich im Google-Earth-Modus vorab erkunden

▶ www.campaniameteo.it Wettervorhersage für jeden Winkel der Region. Die vielen Webcams helfen über Sprachbarrieren hinweg

▶ www.capware.it Virtuelle Rekonstruktionen der 79 n. Chr. verschütteten Vesuvstädte

▶ www.incampania.com Offizielle Kultur- und Tourismus Site der Region Kampanien mit Veranstaltungskalender

▶ www.inaples.it Auf der Website des Fremdenverkehrsamts Neapel gibt es unter anderem das nützliche Monatsheft „Qui Napoli" (auch mit Veranstaltungstipps) als Gratis-Download

▶ www.portanapoli.com Private Site mit einer Fülle praktischer Tipps und Hintergrundinfos zu Neapel und Kampanien

APPS

▶ Babbel – Italienisch Flotter Vokabeltrainer fürs iPhone

▶ ● Radio Partenope Web Radio spielt neapolitanische Musik von Klassik bis Pop

▶ Pompei Map & Walking Tour Pompejiführung on the go, Extrainhalte kosten zusätzlich

▶ Napoli Teatro Festival Italia Nicht nur als Begleiter des tollen Theaterfestivals praktisch

Egal, ob Sie sich auf Ihre Reise vorbereiten oder vor Ort sind:
Mit diesen Adressen finden Sie noch mehr Informationen,
Videos und Netzwerke, die Ihren Urlaub bereichern.
Da manche Adressen extrem lang sind, führt Sie der kürzere
mp.marcopolo.de-Code direkt auf die beschriebenen Websites

▶ blog.portanapoli.de Aktuelles, Witziges und Rezepte vom Golf von Neapel

▶ blog.napoliunplugged.com Bonnie Alberts, Journalistin und Fotografin bloggt aus ihrer Wahlheimat Neapel; dazu: Infos über Events, Sights und Co.

▶ forum.tiamoitalia.de Forum, in dem Italienliebhaber Infos, Erfahrungen etc. austauschen, auch zum Golf von Neapel

BLOGS & FOREN

▶ mp.marcopolo.de/golf3 Traveller teilen ihre Reiseerlebnisse und Fotos. Und manchmal verraten sie Adressen, die (noch) nicht im Lonely Planet stehen

▶ mp.marcopolo.de/golf1 Lottoannahmestelle im Herzen Neapels

▶ mp.marcopolo.de/golf2 Trailer von „Willkommen im Süden", der italienischen Antwort auf den französischen Kinohit „Willkommen bei den Sch'tis"

▶ mp.marcopolo.de/golf4 Der Vesuvausbruch 1944 in zeitgenössischen SW-Aufnahmen

▶ mp.marcopolo.de/golf5 „Time Bomb Vesuvius": spannende Filmdoku von National Geographic

▶ www.radionaples.com RadioNaples sendet *musica napoletana* rund um die Uhr, Player für Windows und Apple

▶ www.podcastsalerno.com Die Sehenswürdigkeiten der Provinz Salerno, wie z. B. die Tempel von Paestum oder der Giardino della Minerva in Salerno

VIDEOS, STREAMS & PODCASTS

▶ www.bootsnall.com Ein jung gebliebener Old-Timer – established 1998! Der „One-Stop Indie Travel-Guide" liefert gute Tipps über die Gegend rund um Neapel und Warnungen vor Touristenfallen

▶ www.couchsurfing.com Über das kostenlose Gastfreundschaftsnetzwerk finden sich auch am Golf von Neapel Betten und neue Freunde

NETWORK

PRAKTISCHE HINWEISE

ANREISE

🚗 Nach Neapel und auf die Inseln fahren Sie besser ohne Auto (in Neapel, Sorrent, Salerno gibt es Autovermietungen), für Paestum und den Cilento ist ein Auto hingegen ratsam. Autobahn vom Brenner bzw. Gotthard über Bologna, Rom, Caserta, Salerno. Vom Brenner bis Palinuro sind es rund 1350 km. Im Sommer fahren Autozüge von mehreren deutschen Städten nach Norditalien (www.dbautozug.de).

🚆 Mit dem Zug kommen Sie über Mailand oder Rom nach Neapel. Neapel hat drei Bahnhöfe, Centrale, Mergellina und Campi Flegrei (Fuorigrotta). Es gibt stündliche Verbindungen nach Rom und Salerno. Von Neapel und Salerno fahren Züge an die Küste des Cilento. Die Bahn Circumvesuviana fährt vom Hauptbahnhof alle halbe Stunde über Pompeji nach Sorrent. Am Bahnhofsvorplatz Piazza Garibaldi starten Überlandbusse nach Benevent, Caserta, Amalfi und Salerno. Für ca. 10 Euro bringen Sie Taxis zu den Hotels in der Innenstadt.

✈ Flugverbindungen bestehen von vielen deutschen Flughäfen sowie von Zürich und Wien zu Neapels Flughafen Capodichino (www.portal.gesac.it). Günstige Direktflüge von deutschen Flughäfen nach Neapel z. B. mit Easyjet (www.easyjet.com), Intersky (www.intersky.biz), Condor (www.condor.com), Air Berlin (www.airberlin.com), von Wien und Zürich mit Alitalia (www.alitalia.com). Vom Flughafen gelangen Sie in die Innenstadt mit dem Bus 3 S (alle 20 Min.), an den Fährhafen Molo Beverello mit dem blauen Alibus. Busverbindungen gibt es auch nach Sorrent.

GRÜN & FAIR REISEN

Auf Reisen können auch Sie mit einfachen Mitteln viel bewirken. Behalten Sie nicht nur die CO_2-Bilanz für Hin- und Rückflug im Hinterkopf (www.atmosfair.de), sondern achten und schützen Sie auch nachhaltig Natur und Kultur im Reiseland (www.gate-tourismus.de; www.zukunft-reisen.de; www.ecotrans.de). Gerade als Tourist ist es wichtig, auf Aspekte zu achten wie Naturschutz (www.nabu.de; www.wwf.de), regionale Produkte, Fahrradfahren (statt Autofahren), Wassersparen und vieles mehr. Wenn Sie mehr über ökologischen Tourismus erfahren wollen: europaweit www.oete.de; weltweit www.germanwatch.org

AUSKUNFT

ITALIENISCHE ZENTRALE FÜR TOURISMUS ENIT
– Barckhausstr. 10 | 60325 Frankfurt | Tel. 069 23 74 34 | www.enit.it
– Mariahilfer Straße 1b | 1060 Wien | Tel. 01 5 05 16 39 | www.enit.it
– Uraniastr. 32 | 8001 Zürich | Tel. 043 4 66 40 40 | www.enit.it

AUTO

Höchstgeschwindigkeit innerorts 50, auf Landstraßen 90, auf Autobahnen 130, bei Regen 110 km/h. Auch tagsüber muss

Von Anreise bis Zoll

Urlaub von Anfang bis Ende: die wichtigsten Adressen und Informationen für Ihre Reise an den Golf von Neapel

außerorts mit Licht gefahren werden. Die Promillegrenze liegt bei 0,5. Pflicht ist das Mitführen einer Warnweste. Die meisten Autobahnen sind gebührenpflichtig. Tankstellen sind meist Mo–Sa 7.30–2.30 und 15–19 Uhr geöffnet, So nur vereinzelt an Ausfallstraßen, auf der Autobahn immer. Ansonsten helfen Tankautomaten. Kostenpflichtige Pannenhilfe des ACI: *Tel.* * *80 31 16, www.aci.it; Tel. mobil 8 00 11 68 00. Deutschsprachiger Pannendienst des ADAC in Italien: Tel. 03 92 10 41 bzw. kostenfrei 8 00 32 22 22 und 8 00 92 22 22 für Ambulanz.*

DIPLOMATISCHE VERTRETUNGEN

DEUTSCHES KONSULAT NEAPEL
Via F. Crispi 69 | Tel. 08 12 48 85 11 | www. neapel.diplo.de

ÖSTERREICHISCHES KONSULAT NEAPEL
Corso Umberto I 275 | Neapel | Tel. 0 81 28 77 24 | consaustriana@virgilio.it

SCHWEIZER KONSULAT NEAPEL
Via Consolvo Carelli 7 | Tel. mobil 33 58 31 52 57 | www.eda.admin.ch

EINTRITTSPREISE

Der Eintritt in größere Museen und Sehenswürdigkeiten bewegt sich meist um 6 Euro, Pompeji und Ercolano kosten 11 Euro. Viele Vergünstigungen erhält man mit der *Campania Arte Card (www. campaniartecard.it),* einem Touristenpass für drei bzw. sieben Tage Dauer, mit dem man je nach Kombination (12 bis 30 Euro, unter 25 Jahre Preisnachlass)

fast alle Museen und Ausgrabungsstätten in Neapel und der gesamten Region Kampanien gratis bzw. zu reduziertem Preis besuchen kann, inklusive öffentlicher Verkehrsmittel und Archäobusse. Man erhält sie in den Touristenbüros, an Bahnhöfen und am Flughafen, in den Museen und in vielen Hotels. Bedenken Sie vor dem Erwerb, dass EU-Bürger bis 18 und ab 65 Jahren freien Eintritt in alle staatlichen Museen und Sehenswürdigkeiten haben (18–25 Jahre 50 Prozent Ermäßigung, Personalausweis!). Für EU-Bürger unter 18 und über 65 ist der Eintritt in staatliche Museen und Ausgrabungsstätten frei.

FÄHREN

Neapel hat zwei Häfen: Tragflügelboote *(aliscafo)* bzw. Schnellfähren zu den Inseln und nach Sorrent legen in *Mergellina* und am *Molo Beverello (Stazione Marittima)* ab, Autofähren *(traghetto)* an der *Calata Porta di Massa* nördlich des Molo Angioino *(Stazione Marittima).* Von Pozzuoli fahren Autofähren nach Procida und Ischia. Gute Schiffsverbindungen bestehen zwischen Sorrent und Capri. Von Salerno aus gibt es Fährverkehr an die Amalfitana und nach Capri. Von April bis September verkehren Schnellschiffe der Metro del Mare im Golf von Neapel, im Golf von Salerno und bis in den Cilento. *www.aliscafi.it, www.metrodelmare.it, www.traghettilines.it*

GELD & KREDITKARTEN

Geldautomaten *(bancomat)* sind flächendeckend vorhanden. In besseren

Restaurants, Hotels und Geschäften, an Autobahnmautstellen und Tankstellen können Sie mit gängigen Kreditkarten zahlen.

MIETWAGEN

Onlineangebote gibt es ab 30 Euro pro Tag. Ein Mittelklassewagen kostet übers Wochenende 130–160 Euro, eine Woche 300–500 Euro. Buchungen vor Reiseantritt sind häufig preiswerter. Mietautos im Cilento: *www.antares91.com*

WAS KOSTET WIE VIEL?

Cappuccino	1,20–1,50 Euro *für eine Tasse am Tresen*
Eis	1,50 Euro *für eine Kugel*
Wein	Ab 2,50 Euro *für ein Glas Wein*
Imbiss	Ab 2,50 Euro *für ein belegtes panino*
Strand	10–20 Euro *pro Tag für zwei Liegestühle und Schirm*
Busfahrt	1,20 Euro *für eine Bus- oder Metrofahrt in Neapel*

NOTRUF

Gebührenfreie EU-Notrufnummer: *Tel. 112* (Polizei, Feuerwehr und Unfallrettung). Kostenpflichtige Pannenhilfe des Automobilclubs ACI: *Tel.* ✱ *80 31 16*

ÖFFENTLICHE VERKEHRSMITTEL

In Neapel gutes Busnetz, U-Bahn, vier Standseilbahnen. Fahrkarten für Stadtbusse in Tabakgeschäften und an Zeitungskiosken. Überlandbusse und/oder häufige Zugverbindungen in alle wichtigen Orte Kampaniens. Gute Verbindungen mit Lokalbahnen nach Pozzuoli, Baia, Cuma, Ercolano, Pompeji, Sorrent. Öffentliche Verkehrsmittel sind relativ preiswert. *www.muoversincampania.it*, *www.orari autobus.it*

ÖFFNUNGSZEITEN

Lebensmittelgeschäfte sind meist zu folgenden Zeiten geöffnet: Mo–Sa 8.30–13 und 17.30–20 Uhr, Boutiquen und Supermärkte 8.30 bzw. 9–12.30 und 16–19.30 Uhr. In Küstenorten bleiben die Geschäfte oft bis spät in den Abend offen. Kirchen schließen meist von 12.30 bis 17 Uhr.

REISEZEIT

Hochsaison: Mitte Juli bis Ende Aug., mit einer Spitze um den 15. Aug.: Preise für Unterkünfte verdoppeln oder verdreifachen sich dann, ein Fortkommen oder das Ergattern eines Parkplatzes an der Amalfiküste sind schier unmöglich. Schönste Reisezeit: Mai, Juni, Sept., von Nov. bis Ostern kann es schwer werden, ein offenes Hotel zu finden. An der Amalfiküste belebt es sich zu Weihnachten und Silvester.

SPRACHE

Italienisch lernen in den Ferien: Italienische Kulturinstitute, die Dante-Alighieri-Gesellschaft und die ENIT helfen bei der Wahl der Sprachschule. Infos auch auf *www.it-schools.com*.

TELEFON & HANDY

Telefonieren via Festnetz in Zellen und Bars. Telefonkarten sind in Tabakgeschäften erhältlich. Vorwahlen: Deutschland *0049*, Österreich *0043*, Schweiz *0041*, Italien *0039*. Mit Einführung des EU-Tarifs sind Handykosten im Ausland gesunken. Vieltelefonierer können vor Antritt der Reise einen günstigen Auslandstarif dazubuchen bzw. in Italien die Prepaidkarte eines italienischen Anbieters (3, TIM, Vodafone, Wind) erwerben. Aktuelle Tipps und Tarife: *www.teltarif.de/reise*.

Regione Campania – *www.incampania.com* – hat Verzeichnisse von Unterkünften jeder Art. Infos zu Bed-&-Breakfast-Adressen: *www.bb-napoli.com*, *www.rentabed.it* oder *www.bedandbreakfast.it*. Beliebt ist auch die italienische Variante von „Ferien auf dem Bauernhof", der Agriturismo: *www.aiab.it/agriturismi*, *www.agriturist.it*, *www.bioagriturismi.it*, *www.soloagriturismo.com*.

UNTERKUNFT

Private Anbieter sind eine Alternative zu Hotel & Co., Adressen gibt es z. B. auf: *www.airbnb.com*, *www.wimdu.com* oder *www.9flats.com*. Die Tourismus-Site der

ZOLL

Innerhalb der EU freie Ein- und Ausfuhr von Waren zum persönlichen Bedarf, z. B. 800 Zigaretten, 90 l Wein; 10 l Spirituosen.

WETTER IN NEAPEL

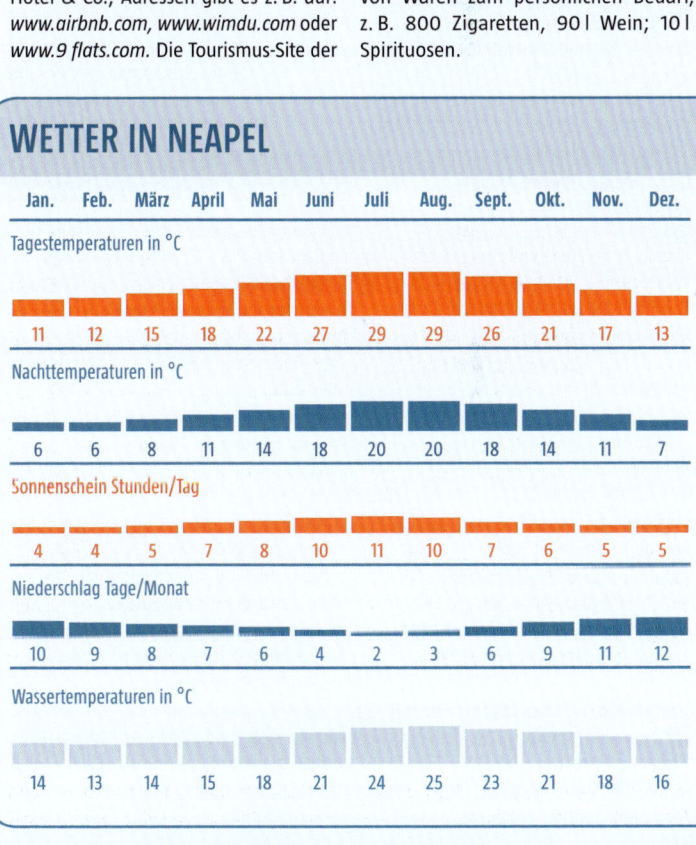

	Jan.	Feb.	März	April	Mai	Juni	Juli	Aug.	Sept.	Okt.	Nov.	Dez.
Tagestemperaturen in °C	11	12	15	18	22	27	29	29	26	21	17	13
Nachttemperaturen in °C	6	6	8	11	14	18	20	20	18	14	11	7
Sonnenschein Stunden/Tag	4	4	5	7	8	10	11	10	7	6	5	5
Niederschlag Tage/Monat	10	9	8	7	6	4	2	3	6	9	11	12
Wassertemperaturen in °C	14	13	14	15	18	21	24	25	23	21	18	16

SPRACHFÜHRER ITALIENISCH

AUSSPRACHE

c, cc	vor „e, i" wie deutsches „tsch" in deutsch, Bsp.: dieci, sonst wie „k"
ch, cch	wie deutsches „k", Bsp.: pacchi, che
g, gg	vor „e, i" wie deutsches „dsch" in Dschungel, Bsp.: gente
gl	ungefähr wie in „Familie", Bsp.: figlio
gn	wie in „Kognak", Bsp.: bagno
sc	vor „e, i" wie deutsches „sch", Bsp.: uscita
sch	wie in „Skala", Bsp.: Ischia
z	immer stimmhaft wie „ds"

Ein Akzent steht im Italienischen nur, wenn die letzte Silbe betont wird. In den übrigen Fällen haben wir die Betonung durch einen Punkt unter dem betonten Vokal angegeben.

AUF EINEN BLICK

ja/nein/vielleicht	sì/no/forse
bitte/danke	per favore/grazie
Entschuldige!/Entschuldigen Sie!	Scusa!/Scusi!
Wie bitte?	Come dice?/Prego?
Gute(n) Morgen!/Tag!/Abend!/Nacht!	Buon giorno!/Buon giorno!/ Buona sera!/Buona notte!
Hallo!/Tschüss!/Auf Wiedersehen!	Ciao!/Ciao!/Arrivederci!
Ich heiße ...	Mi chiamo ...
Wie heißen Sie?/Wie heißt Du?	Come si chiama?/Come ti chiami?
Ich möchte .../Haben Sie ...?	Vorrei .../Avete ...?
Wie viel kostet ...?	Quanto costa ...?
Das gefällt mir (nicht).	(Non) mi piace.
gut/schlecht	buono/cattivo
kaputt/funktioniert nicht	guasto/non funziona
zu viel/viel/wenig/alles/nichts	troppo/molto/poco/tutto/niente
Hilfe!/Achtung!/Vorsicht!	aiuto!/attenzione!/prudenza!
Krankenwagen/Polizei/Feuerwehr	ambulanza/polizia/vigili del fuoco
Verbot/verboten/Gefahr/gefährlich	divieto/vietato/pericolo/pericoloso

DATUMS- & ZEITANGABEN

Montag/Dienstag	lunedì/martedì
Mittwoch/Donnerstag	mercoledì/giovedì
Freitag/Samstag	venerdì/sabato

Parli italiano?

„Sprichst du Italienisch?" Dieser Sprachführer hilft Ihnen, die wichtigsten Wörter und Sätze auf Italienisch zu sagen

Sonntag/Werktag/Feiertag	domenica/(giorno) feriale/festivo
heute/morgen/gestern	oggi/domani/ieri
Stunde/Minute/Tag/Nacht	ora/minuto/giorno/notte
Woche/Monat/Jahr	settimana/mese/anno
Wie viel Uhr ist es?	Che ora è? Che ore sono?
Es ist drei Uhr./Es ist halb vier.	Sono le tre./Sono le tre e mezza.
Viertel vor vier/Viertel nach vier	le quattro meno un quarto/le quattro e un quarto

UNTERWEGS

offen/geschlossen	aperto/chiuso
Eingang/Einfahrt/Ausgang/Ausfahrt	entrata/entrata/uscita/uscita
Abfahrt/Abflug/Ankunft	partenza/partenza/arrivo
Toiletten/Damen/Herren	bagno/signore/signori
(kein) Trinkwasser	acqua (non) potabile
Wo ist ...?/Wo sind ...?	Dov'è ...?/Dove sono ...?
links/rechts/geradeaus/zurück	sinistra/destra/dritto/indietro
nah/weit	vicino/lontano
Bus/Straßenbahn/U-Bahn/Taxi	bus/tram/metropolitana/taxi
Haltestelle/Taxistand	fermata/posteggio taxi
Parkplatz/Parkhaus	parcheggio/parcheggio coperto
Stadtplan/(Land-)Karte	pianta/mappa
Bahnhof/Hafen/Flughafen	stazione/porto/aeroporto
Fahrplan/Fahrschein/Zuschlag	orario/biglietto/supplemento
einfach/hin und zurück	solo andata/andata e ritorno
Zug/Gleis/Bahnsteig	treno/binario/banchina
Ich möchte ... mieten.	Vorrei noleggiare ...
ein Auto/ein Fahrrad/ein Boot	una macchina/una bicicletta/una barca
Tankstelle/Benzin/Diesel	distributore/benzina/gasolio
Panne/Werkstatt	guasto/officina

ESSEN & TRINKEN

Reservieren Sie uns bitte für heute Abend einen Tisch für vier Personen.	Vorrei prenotare per stasera un tavolo per quattro persone.
auf der Terrasse/am Fenster	sulla terrazza/vicino alla finestra
Die Speisekarte, bitte.	Il menù, per favore.
Flasche/Karaffe/Glas	bottiglia/caraffa/bicchiere
Messer/Gabel/Löffel	coltello/forchetta/cucchiaio
Salz/Pfeffer/Zucker	sale/pepe/zucchero
Essig/Öl/Milch/Sahne/Zitrone	aceto/olio/latte/panna/limone

kalt/versalzen/nicht gar	freddo/troppo salato/non cotto
mit/ohne Eis/Kohlensäure	con/senza ghiaccio/gas
Vegetarier(in)/Allergie	vegetariano/vegetariana/allergia
Ich möchte zahlen, bitte.	Vorrei pagare, per favore
Rechnung/Quittung/Trinkgeld	conto/ricevuta/ mancia

EINKAUFEN

Wo finde ich ...?	Dove posso trovare ...?
Ich möchte .../Ich suche ...	Vorrei .../Cerco ...
Brennen Sie Fotos auf CD?	Vorrei masterizzare delle foto su CD?
Apotheke	farmacia
Bäckerei/Markt	forno/mercato
Einkaufszentrum/Kaufhaus	centro commerciale/grande magazzino
Lebensmittelgeschäft	negozio alimentare
Supermarkt	supermercato
Fotoartikel/Zeitungsladen	articoli per foto/giornalaio
Kiosk	edicola
100 Gramm/1 Kilo	un etto/un chilo
teuer/billig/Preis	caro/economico/prezzo
mehr/weniger	di più/di meno
aus biologischem Anbau	di agricoltura biologica

ÜBERNACHTEN

Haben Sie noch ...?	Avete ancora ...?
Einzelzimmer/Doppelzimmer	una (camera) singola/una doppia
Frühstück/Halbpension/Vollpension	colazione/mezza pensione/ pensione completa
Dusche/Bad/Balkon/Terrasse	doccia/bagno/balcone/terrazza
Schlüssel/Zimmerkarte	chiave/scheda magnetica
Gepäck/Koffer/Tasche	bagaglio/valigia/borsa

BANKEN & GELD

Bank/Geldautomat/Geheimzahl	banca/bancomat/codice segreto
bar/Kreditkarte	in contanti/carta di credito
Banknote/Münze/Wechselgeld	banconota/moneta/il resto

GESUNDHEIT

Arzt/Zahnarzt/Kinderarzt	medico/dentista/pediatra
Krankenhaus/Notfallpraxis	ospedale/pronto soccorso
Fieber/Schmerzen	febbre/dolori
Durchfall/Übelkeit/Sonnenbrand	diarrea/nausea/scottatura solare
entzündet/verletzt	infiammato/ferito

Pflaster/Verband/Salbe/Creme	cerotto/fasciatura/pomata/crema
Schmerzmittel/Tablette/Zäpfchen	antidolorifico/compressa/supposta

TELEKOMMUNIKATION & MEDIEN

Briefmarke/Brief/Postkarte	francobollo/lettera/cartolina
Ich brauche eine Telefonkarte fürs Festnetz.	Mi serve una scheda telefonica per la rete fissa.
Ich suche eine Prepaidkarte für mein Handy.	Cerco una scheda prepagata per il mio cellulare.
Wo finde ich einen Internetzugang?	Dove trovo un accesso internet?
Brauche ich eine spezielle Vorwahl?	Ci vuole un prefisso particolare?
wählen/Verbindung/besetzt	comporre/linea/occupato
Steckdose/Adapter/Ladegerät	presa/riduttore/caricabatterie
Computer/Batterie/Akku	computer/batteria/accumulatore
At-Zeichen („Klammeraffe")	chiocciola
Internetadresse/E-Mail-Adresse	indirizzo internet/indirizzo email
Internetanschluss/WLAN	collegamento internet/wi-fi
E-Mail/Datei/ausdrucken	email/file/stampare

FREIZEIT, SPORT & STRAND

Strand/Strandbad	spiaggia/stabilimento balneare
Sonnenschirm/Liegestuhl	ombrellone/sdraio
Seilbahn/Sessellift	funivia/seggiovia
(Schutz-)Hütte/Lawine	rifugio/valanga

ZAHLEN

0	zero	17	diciassette
1	uno	18	diciotto
2	due	19	diciannove
3	tre	20	venti
4	quattro	21	ventuno
5	cinque	30	trenta
6	sei	40	quaranta
7	sette	50	cinquanta
8	otto	60	sessanta
9	nove	70	settanta
10	dieci	80	ottanta
11	undici	90	novanta
12	dodici	100	cento
13	tredici	1000	mille
14	quattordici	2000	duemila
15	quindici	½	un mezzo
16	sedici	¼	un quarto

REISEATLAS

Die grüne Linie ▬▬▬ zeichnet den Verlauf der Ausflüge & Touren nach
Die blaue Linie ▬▬▬ zeichnet den Verlauf der Perfekten Route nach

Der Gesamtverlauf aller Touren ist auch in
der herausnehmbaren Faltkarte eingetragen

Bild: Castello Aragonese, Ischia

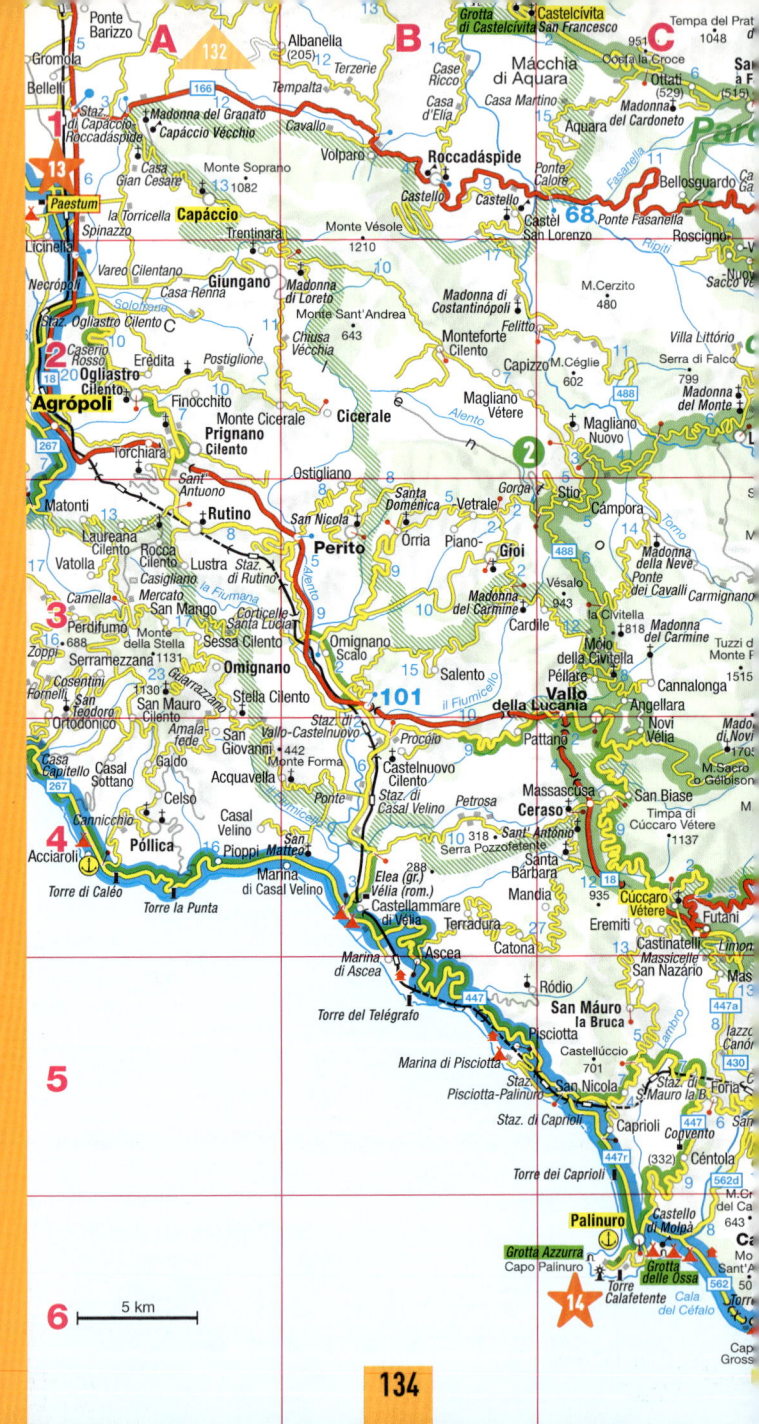

KARTENLEGENDE

Autobahn mit Anschlussstelle und Anschlussnummern	Viernheim 45 · 45 · 36 · 24 · 12	Motorway with junction and junction number
Autobahn in Bau mit voraussichtlichem Fertigstellungsdatum	Datum · Date	Motorway under construction with expected date of opening
Rasthaus mit Übernachtung · Raststätte	Kassel	Hotel, motel · Restaurant
Kiosk · Tankstelle		Snackbar · Filling-station
Autohof · Parkplatz mit WC	P	Truckstop · Parking place with WC
Autobahn-Gebührenstelle		Toll station
Autobahnähnliche Schnellstraße		Dual carriageway with motorway characteristics
Fernverkehrsstraße		Trunk road
Verbindungsstraße		Main road
Nebenstraßen		Secondary roads
Fahrweg · Fußweg		Carriageway · Footpath
Gebührenpflichtige Straße		Toll road
Straße für Kraftfahrzeuge gesperrt	✕ ✕ ✕ ✕ ✕	Road closed for motor vehicles
Straße für Wohnanhänger gesperrt		Road closed for caravans
Straße für Wohnanhänger nicht empfehlenswert		Road not recommended for caravans
Autofähre · Autozug-Terminal		Car ferry · Autorail station
Hauptbahn · Bahnhof · Tunnel		Main line railway · Station · Tunnel
Besonders sehenswertes kulturelles Objekt	Neuschwanstein	Cultural site of particular interest
Besonders sehenswertes landschaftliches Objekt	Breitachklamm	Landscape of particular interest
Ausflüge & Touren		Trips & Tours
Perfekte Route		Perfect route
MARCO POLO Highlight	1	MARCO POLO Highlight
Landschaftlich schöne Strecke		Route with beautiful scenery
Touristenstraße	Hanse-Route	Tourist route
Museumseisenbahn		Tourist train
Kirche, Kapelle · Kirchenruine Kloster · Klosterruine		Church, chapel · Church ruin Monastery · Monastery ruin
Schloss, Burg · Burgruine Turm · Funk-, Fernsehturm		Palace, castle · Castle ruin Tower · Radio or TV tower
Leuchtturm · Windmühle Denkmal · Soldatenfriedhof		Lighthouse · Windmill Monument · Military cemetery
Ruine, frühgeschichtliche Stätte · Höhle Hotel, Gasthaus, Berghütte · Heilbad		Archaeological excavation, ruins · Cave Hotel, inn, refuge · Spa
Campingplatz · Jugendherberge Schwimmbad, Erlebnisbad, Strandbad · Golfplatz		Camping site · Youth hostel Swimming pool, leisure pool, beach · Golf-course
Botanischer Garten, sehenswerter Park · Zoologischer Garten		Botanical gardens, interesting park · Zoological garden
Bedeutendes Bauwerk · Bedeutendes Areal		Important building · Important area
Verkehrsflughafen · Regionalflughafen		Airport · Regional airport
Flugplatz · Segelflugplatz		Airfield · Gliding site
Boots- und Jachthafen		Marina

FÜR DIE NÄCHSTE REISE ...

ALLE **MARCO POLO** REISEFÜHRER

REGISTER

Im Register sind alle in diesem Reiseführer erwähnten Orte und Ausflugsziele unter ihrem deutschen Namen verzeichnet. Gefettete Seitenzahlen verweisen auf den Haupteintrag.

SCHREIBEN SIE UNS!

SMS-Hotline: 0163 6 39 50 20

Egal, was Ihnen Tolles im Urlaub begegnet oder Ihnen auf der Seele brennt, lassen Sie es uns wissen! Ob Lob, Kritik oder Ihr ganz persönlicher Tipp – die MARCO POLO Redaktion freut sich auf Ihre Infos.
Wir setzen alles dran, Ihnen möglichst aktuelle Informationen mit auf die Reise zu geben. Dennoch schleichen sich manchmal Fehler ein – trotz gründ-

E-Mail: info@marcopolo.de

licher Recherche unserer Autoren/innen. Sie haben sicherlich Verständnis, dass der Verlag dafür keine Haftung übernehmen kann. Kontaktieren Sie uns per SMS, E-Mail oder Post!

MARCO POLO Redaktion
MAIRDUMONT
Postfach 31 51
73751 Ostfildern

IMPRESSUM
Titelbild: Hafen von Capri (Getty Images: Image Source)
Fotos: P. Amann (1 u.); Carlo Rendano Association: Roberto Stella (17 u.); B. Dürr (5); DuMont Bildarchiv: (55), Fabig (3 u., 84/85), Kiedrowski (Klappe l., 6, 52, 60, 92, 102, 112/113); ©fotolia.com: HLPhoto (16 u.); Getty Images: Image Source (1 o.); R. Hackenberg (30 l.); Huber: Cozzi (91), Gräfenhain (126/127), Kaos (96), Pignatelli (28, 113), Giovanni Simeone (2 M.u., 3 o., 27, 32/33, 58/59, 98/99, 100), Spila (103); ©iStockphoto.com: Robert Kohlhuber (17 o.), Hüseyin Tuncer (16 M.); Laif: Celentano (8, 26 r., 29, 82/83, 86, 107, 108/109, 112), Heuer (74), Jonkmanns (21), Standl (89), Zanettini (2 u., 48/49, 56, 117); Mamma Agata (16 o.); mauritius images: age (46), CuboImages (22, 24/25, 26 l., 45, 104/105), imagebroker (Corneli) (63), imagebroker (Reuther) (94/95), Morandi (12/13); D. Renckhoff (64); T. Stankiewicz (Klappe r., 2 o., 4, 18/19, 40, 80, 110, 116 o.); K. Thiele (2 M.o., 9, 15, 70/71); M. Thomas (3 M., 7, 10/11, 28/29, 30 r., 34, 36, 39, 42, 51, 66/67, 68, 72, 77, 79, 116 u.);

9. Auflage 2013
Komplett überarbeitet und neu gestaltet
© MAIRDUMONT GmbH & Co. KG, Ostfildern
Chefredaktion: Michaela Lienemann (Konzept, Chefin vom Dienst), Marion Zorn (Konzept, Textchefin)
Autorin: Bettina Dürr, Koautor: Peter Amann; Redaktion: Petra Klose
Verlagsredaktion: Anita Dahlinger, Ann-Katrin Kutzner, Nikolai Michaelis
Bildredaktion: Gabriele Forst, Iris Kaczmarczyk
Im Trend: wunder media, München
Kartografie Reiseatlas: © MAIRDUMONT, Ostfildern, Kartografie Faltkarte: © MAIRDUMONT, Ostfildern
Innengestaltung: milchhof:atelier, Berlin; Titel, S. 1, Titel Faltkarte: factor product münchen
Sprachführer: in Zusammenarbeit mit Ernst Klett Sprachen GmbH, Stuttgart, Redaktion PONS Wörterbücher

BLOSS NICHT ☝

Touristenfallen und Fauxpas: Was Sie vermeiden sollten

AUTO FAHREN

Und zwar in Neapel sowie – am Wochenende – auf der Sorrentinischen Halbinsel und in der überfüllten Amalfitana, wenn auch die Neapolitaner ihren Sonntagsausflug machen. Man findet keinen Parkplatz. Im Sommer sollten Sie die Amalfitana ganz meiden und lieber – auch bei Ausflügen auf die Inseln – die öffentlichen Verkehrsmittel nutzen. In den Städten und in touristischen Ballungszentren sollten Sie Ihr Auto nur leer geräumt parken und möglichst einen bewachten Parkplatz aufsuchen.

BADESCHUHE, SCHNORCHEL, TAUCHERBRILLE VERGESSEN

Plastiksandalen sind unverzichtbar für den Einstieg ins Meer, der vielerorts nur über Klippen, Stein oder Betontreppchen möglich ist. Taucherbrille und Schnorchel garantieren aufregende Tiefblicke an den Felsküsten.

ÜBERALL RAUCHEN

An öffentlichen Orten wie Restaurants, Bars, im Innern von Flughäfen und Bahnhöfen, in Zügen usw. ist das Rauchen verboten – und selbst im Süden hält man sich dran.

GEFÄLSCHTE MARKENARTIKEL ERSTEHEN

Neapel ist zwar eine Hochburg der Markenfälschung – überall werden Ihnen gefälschte Gucci- und Prada-Taschen, Ray-Ban-Brillen oder Lacoste-Hemden angeboten –, doch lassen Sie sich nicht vom Billigpreis verführen. Erwischt Sie die Polizei beim Kauf, kann Sie das viele Male teurer kommen als die echte Gucci-Tasche.

LEICHTSINNIG SEIN

Aufpassen in Neapel, Salerno, in den Gemeinden am Vesuv wie Somma Vesuviana, Torre del Greco usw., in überfüllten Autobussen und U-Bahnen: keinen auffälligen Schmuck tragen, keine Rolex am Arm, den Fotoapparat mit Tragriemen quer über der Brust; Taschen grundsätzlich nie zur Straßenseite hin tragen; Geld und Papiere möglichst unter Kleid oder Gürtel verstauen bzw. am besten nur den Tagesbedarf mitführen; beim Autofahren stets die Türen verriegeln und die Fenster nur einen Spalt öffnen. An der Amalfiküste, im Cilento, auf den Inseln können Sie sich dann wieder entspannen.

ZIGARETTENSTUMMEL WEGWERFEN

In den Sommermonaten genügt ein Funke in den ausgedörrten Wäldern und Wiesen, um alles in Brand zu setzen.

ZITRONEN PFLÜCKEN

Bitte greifen Sie beim Wandern durch die Zitrushaine und Weinberge nicht nach den verlockenden Früchten. Die Bauern arbeiten hart dafür und leben schließlich davon. Lieber schenken sie einem ein paar Früchte, wenn man mit ihnen ins Gespräch kommt.